Comunicação e liderança

VOLUME 2

Comunicação interpessoal
Gestão e carreira
Mundos e mídias
Diversidade
Saúde mental

Proibida a reprodução total ou parcial em qualquer mídia
sem a autorização escrita da editora.
Os infratores estão sujeitos às penas da lei.

A Editora não é responsável pelo conteúdo deste livro.
Os Autores conhecem os fatos narrados, pelos quais são responsáveis,
assim como se responsabilizam pelos juízos emitidos.

Consulte nosso catálogo completo e últimos lançamentos em *www.editoracontexto.com.br*.

LENY KYRILLOS
CARLOS ALBERTO SARDENBERG
CÁSSIA GODOY

Comunicação e liderança

VOLUME 2

Comunicação interpessoal
Gestão e carreira
Mundos e mídias
Diversidade
Saúde mental

editora**contexto**

Copyright © 2023 dos Autores

Todos os direitos desta edição reservados à
Editora Contexto (Editora Pinsky Ltda.)

Montagem de capa e diagramação
Gustavo S. Vilas Boas

Coordenação de textos
Luciana Pinsky

Preparação de textos
César Carvalho

Revisão
Ana Paula Luccisano

Dados Internacionais de Catalogação na Publicação (CIP)

Kyrillos, Leny
Comunicação e liderança : volume 2 / Leny Kyrillos e
Carlos Alberto Sardenberg, Cássia Godoy. – São Paulo :
Contexto, 2024.
256 p.

ISBN 978-65-5541-392-2

1. Comunicação 2. Liderança 3. Comunicação
na administração de pessoal 4. Comportamento
organizacional 5. Comunicação interpessoal
I. Título II. Sardenberg, Carlos Alberto
III. Godoy, Cássia

23-6893   CDD 658.4092

Angélica Ilacqua – Bibliotecária – CRB-8/7057

Índice para catálogo sistemático:
1. Comunicação e carreira

2024

EDITORA CONTEXTO
Diretor editorial: *Jaime Pinsky*

Rua Dr. José Elias, 520 – Alto da Lapa
05083-030 – São Paulo – SP
PABX: (11) 3832 5838
contato@editoracontexto.com.br
www.editoracontexto.com.br

SUMÁRIO

Apresentação	**9**
Comunicação e liderança	**13**
Estilos de comunicação	13
Apontar ou não os erros?	15
Líderes nas redes sociais	17
Fórmula SER	19
Ambientes tóxicos	22
Líder inspirador	23
Liderança híbrida	26
Relações no *home office*	28
Líder motivador	30
Difícil convivência	31
Situação crítica	34
Chefe passivo-agressivo	35
Conversas delicadas no trabalho	37

Comunicação interpessoal	**41**
O peso das emoções	41
Como dizer "não" sem culpa	45
Comunicação é natural, mas se aprende	48
Timidez e interação	50
Mentiras, mentirinhas e autoengano	53
Persistência × teimosia	59
Comunicação entre casais	60
As três razões da comunicação	63
Carisma acústico	66
Convencer sem impor	68
Bullying no trabalho	70
Relacionamento abusivo	71
Boa oratória inclui saber ouvir	74
Comunicação feminina e masculina	76
Como fazer novas amizades	79
Comunicação não violenta na prática	82
Vícios de linguagem	86
Paciência testada	88
Gestão e carreira	**93**
Competência valorizada	93
Resiliência de cada dia	96
Errei. O que fazer?	98
Mudar de profissão após anos de carreira	100
Por que gente boa comete erros bobos	102
Autonomia no desenvolvimento	105
Depois eu faço	107
Como começar bem as palestras	111
Síndrome do impostor	114
Estar ocupado é ser bom profissional?	116

Mundos e mídias **119**

Aprender o que se lê 119

Influenciadores digitais 121

Doomscrolling 124

Plágio real e virtual 126

Comunicação em vídeo 130

Como diferenciar fatos de opiniões 134

Mercado *figital* 138

Entrevista de emprego on-line 141

Áudios acelerados 144

Audiobook é leitura? 146

Recursos visuais no aprendizado 149

Mundo Vuca 150

Mundo Bani 153

Diversidade **157**

Geração Z no trabalho 157

50+ 161

Mulheres, uni-vos 163

Linguagem neutra 165

Liderança feminina na pandemia 168

Idosos no mercado de trabalho 170

Desrespeito com as mulheres 172

A pouca confiança transparece 174

Comunicação com crianças 176

Gerascofobia 180

Diálogos com adolescentes 182

Diversidade na prática 186

Convivência intergeracional 189

Saúde mental   **193**

- *Quiet quitting* — 193
- Aquele abraço — 197
- *Gaslighting* de médicos — 200
- Situações que tiram do sério — 204
- Síndrome de *burnout* — 205
- Os quatro hormônios da felicidade — 210
- QI em queda — 211
- Definhamento — 215
- Luto deve ser vivido — 217
- A ilusão da multitarefa — 218
- Não acabar na quarta-feira — 221
- Autoconhecimento é o mínimo — 223
- Malhar demais prejudica a comunicação? — 225
- Palavrões saudáveis — 227
- Perdão e autoperdão — 229
- Empatia vital — 233
- Benefícios da leitura diária — 234
- Bem-estar mental — 236
- Pensamentos negativos — 242

Os autores   **249**

APRESENTAÇÃO

Comunicação é um grande desafio. Sempre. Tenho certeza de que você é capaz de se lembrar de situações de comunicação que geraram mal-entendidos. É aquela história: você fala algo, o outro entende diferente, leva para o lado ruim… E a confusão está feita! Isso acontece de forma corriqueira, afinal, comunicação é a ação de tornar comum uma ideia, um pensamento, uma atitude. Lidamos o tempo todo com pessoas diferentes de nós, com princípios, valores e propósitos distintos. Há também sutilezas importantíssimas, como o tom de voz, um gesto, um olhar meio de lado. Agora imagine isso nos ambientes de trabalho, onde costuma haver cobrança, necessidade de entrega e, eventualmente, competição!

Já a liderança é um atributo que vai muito além do crachá da empresa. Somos líderes da nossa carreira, da nossa família, dos nossos grupos de contato, da nossa vida! Liderar é sermos proativos em nossas interações, inspirando e motivando as pessoas ao nosso redor. Tomar atitudes com consciência e intenção, e não apenas ir "aonde o vento levar".

Chegamos, então, ao nosso *Comunicação e liderança*. Este livro aborda temas que geram atenção, interesse, e que estão sendo cada vez mais exigidos em nossas vidas profissional e pessoal. São muitas as questões! Como cuidar da saúde mental? Como fazer comunicações difíceis no trabalho? E a convivência de gerações diferentes? Quais as características da boa liderança atual?

Há dez anos, discutimos sobre esses temas no nosso quadro "Comunicação e liderança", na Rádio CBN. A cada ano, os retornos que recebemos e as perguntas que nos chegam retratam o tanto que esses temas mobilizam as pessoas, impactam as nossas vidas, gerando curiosidade e interesse.

Em 2019, publicamos o primeiro volume do nosso livro, motivados pelos pedidos de muitos ouvintes e pelo nosso propósito de estender a discussão sobre esses temas também para os nossos futuros leitores. O sucesso da nossa empreitada e as mudanças que o nosso quadro veio mostrando no decorrer do tempo, por conta das transformações da sociedade e da evolução das relações pessoais e profissionais, nos incentivaram a criar este segundo volume.

Neste livro, atualizamos os grandes temas contemplados no primeiro – como novas pesquisas, análises e olhares –, e acrescentamos novas categorias, que representam a evolução e o amadurecimento das relações humanas e sociais.

O primeiro bloco, "Comunicação e liderança", trata dos desafios que os líderes enfrentam a respeito do trabalho híbrido, da necessidade de inspirar, dar *feedback* e atuar nas redes sociais, além dos riscos da liderança tóxica. Abordamos, também, a evolução do conceito de liderança e os diferentes estilos de comunicação.

No segundo bloco, "Comunicação interpessoal", focamos as diferentes facetas desse processo, considerando o risco da agressividade, da polarização e do julgamento, o impacto da timidez e a importância da empatia. Discorremos, também, sobre as diferenças entre a comunicação feminina e a masculina.

No terceiro bloco, "Gestão e carreira", falamos sobre como a resiliência é relevante para o desenvolvimento profissional, e sobre a importância de gerenciarmos a tendência da procrastinação. Abordamos também os desafios da mudança de carreira e dicas práticas para lidarmos com a síndrome do impostor.

O quarto bloco aborda as questões relacionadas aos novos "mundos e mídias", trazendo conceitos contemporâneos e novidades desse mundo dinâmico e tão acelerado. Discutimos sobre como esse cenário em constante transformação influencia o nosso comportamento e a nossa maneira de lidarmos com novas situações.

O quinto bloco, "Diversidade", traz os desafios dos relacionamentos com pessoas de gêneros e orientações diferentes, com as diversas gerações, e as grandes vantagens dessa convivência.

No sexto e último bloco, "Saúde mental", exploramos condições de risco e benefício para o nosso estado interno. Aqui, abordamos fatores que interferem positiva e negativamente, como os hormônios da felicidade, o contato físico, o luto, a culpa, o arrependimento e o perdão.

Como é prazeroso olharmos para esses dez anos do nosso quadro e observarmos tantos temas discutidos, tantas reflexões, tantas considerações que nos mostram como o mundo mudou, como nosso comportamento teve que se adaptar, e como a comunicação, característica que nos diferencia como seres humanos, permite sobrevivermos e melhorarmos as nossas relações, e a nós mesmos, em evolução constante.

E é com muito amor e respeito que te convidamos a participar das nossas conversas e a refletir sobre o impacto desses temas nas nossas vidas. Vamos juntos!

Obs.: Regularmente, o quadro é feito com Leny Kyrillos, Carlos Alberto Sardenberg e Cássia Godoy. Há outros jornalistas, porém, que participaram de nossos diálogos e que estão no livro, a quem agradecemos muito: Leandro Gouveia, Débora Freitas e Marcella Lourenzetto.

Comunicação e liderança

ESTILOS DE COMUNICAÇÃO

Leny – A origem da palavra "comunicação" é "tornar comum". Quando você se comunica, torna comum uma ideia, um pensamento, um raciocínio. Isso é desafiador, porque somos pessoas muito diferentes, com valores, crenças, propósitos, histórias de vida e experiências muito diferentes. É um desafio fazer com que aquilo que chega à orelha do outro seja próximo da nossa intenção inicial.

Sardenberg – Você falou "próximo" por que nunca será igual?

L – Igual é muito subjetivo, porque você está se baseando numa condição que, para os outros, pode ser diferente da sua. Às vezes temos dificuldade de lidar com a diversidade de opinião. Temos de nos abrir para isso. Agora, quanto mais eu for capaz de identificar como o outro funciona, no que ele se baseia, como consolida o raciocínio, mais chance tenho de me aproximar do efeito desejado. Há vários estudos e classificações de tipos de falantes. Uma delas divide as pessoas em mais analíticas e mais sintéticas. Uma pessoa mais analítica é normalmente mais prolixa, dá atenção aos detalhes, gosta de contextualizar antes de emitir uma opinião. O sintético vai direto ao ponto. Se você é mais sintético e tem um subordinado mais analítico, que vai te explicar alguma coisa, você começa a se incomodar. Normalmente o sintético é mais impaciente.

Outra classificação separa em dois extremos numa linha de comunicação. Numa ponta está um padrão mais passivo de comunicação, o cara com dificuldade de expor o que pensa, o que espera que o outro faça. Na outra ponta está o padrão agressivo, o cara que consegue explicitar o que quer, só que sem o devido cuidado com o interlocutor. E tem o caminho do meio, que é o padrão assertivo. A pessoa que consegue explicitar o que pensa demonstrando cuidado com o interlocutor. E há uma classificação de estilos de comunicação do Mark Murphy, autor do livro *Leadership Styles* (Estilos de liderança). Ele traz quatro tipos de liderança. O primeiro é o estilo de comunicação pessoal, o cara que tem o foco no relacionamento humano, tem necessidade de estabelecer conexões. Não consegue chegar e simplesmente falar o que quer. Tem uma abordagem mais pessoal. Escuta o outro e tem tendência à diplomacia. O segundo estilo é o analítico, que se baseia em argumentos, em fatos, em dados. Embasa tudo numa linguagem objetiva. Tem o funcional, com um foco no processo. É ligado no pensamento sistêmico. Com esse, você só consegue se explicar bem quando quebra a ordem em vários pedaços e ele vai cumprindo um a um.

Finalmente, tem o padrão mais intuitivo, com uma ênfase maior no todo, no contexto. É o cara que detesta detalhes, vai mais direto ao ponto, porque percebe de maneira mais intuitiva. O interessante é identificar como a gente funciona. Eu sou mais pessoal. A questão do contato, do relacionamento, da escuta é importante. Eu trabalho melhor quando percebo que existem laços.

S – Você é daquelas que odiaram ficar em casa na pandemia.

L – Exatamente. Para mim, o contato interpessoal, o olho no olho são valores muito relevantes. Eu atendo líderes que revelaram essa mesma dificuldade na pandemia. E outros falaram: "Estou achando ótimo liderar aqui da minha casa". São estilos. Saber como funcionamos nos ajuda a fazer boas escolhas. E também identificar como o outro funciona, porque conseguimos ajustar a nossa maneira de abordar, o tom que vamos utilizar. Se, por exemplo, o Leandro se mostra mais objetivo na comunicação, eu vou falar: "Leandro, tem uma pesquisa da *Economist Intelligence* com 400 profissionais, que descobriu que 42% das falhas de comunicação acontecem porque os interlocutores têm estilos diferentes". Serei mais convincente se eu for capaz de entregar algo que ele busca no processo de comunicação.

Leandro – E fazer escolhas, não ser tão assertivo que possa parecer grosseria, ir achando um meio-termo.

L – Um meio-termo que te ajude nessa adaptação. Para isso, precisamos nos abrir para receber o que está vindo do outro e ouvir de forma empática. Às vezes, estamos tão focados no que vamos falar, que deixamos isso de lado. É importante nos dedicarmos a essa observação sobre como o outro se comporta.

APONTAR OU NÃO OS ERROS?

Sardenberg – No trabalho, é para ser sincero sempre ou por vezes é necessário omitir o que realmente pensa?

Leny – Se o clima permite que as pessoas se sintam à vontade para falarem o que pensam, os resultados são melhores, mais criativos. Mas existe um receio de discordar de quem tem um crachá maior, uma posição de autoridade. Eu atendo muitos líderes e, às vezes, identifico comportamentos inadequados. E quando embaso aquilo que estou dizendo, justifico, proponho algo mais interessante, eles olham para mim como se nunca tivessem escutado aquilo. Por quê? Porque, segundo eles próprios, existe um bando de "puxa-sacos" dizendo que eles estão certos. Às vezes, esse receio de discordar faz com que coisas ruins aconteçam. Outro ponto é a ilusão de que vale a pena agradar, não se posicionar. E a terceira razão é que, às vezes, o próprio funcionário confunde a máscara com ele mesmo. Eu cheguei a essas razões a partir de dados da Betania Tanure, do grupo Tanure e Associados, que dizem que 72% dos profissionais apontam o autoritarismo como principal motivo de mentira no trabalho.

Leandro – Não só com o chefe. Às vezes, uma situação errada envolve um colega de trabalho do mesmo nível. E a pessoa fica com receio de estar passando por cima da hierarquia. "O chefe tem de falar que está errado, não eu."

L – Verdade. Às vezes, é mais fácil alguém do lado ver. Até aquilo chegar ao chefe, o estrago já vai ser grande, com muitas coisas erradas acontecendo no caminho. Então, até por coleguismo, seria interessante as pessoas se posicionarem. Eu gostaria que alguém me alertasse se eu estivesse falando algo de uma forma inadequada. Mas, para isso acontecer, precisa ter um clima favorável.

S – É a construção de um clima que importa. Por exemplo, se o chefe tem um comportamento autoritário e pergunta: "O que vocês acham?", ninguém vai falar nada.

L – E todos perdem. Então, fica aqui o alerta para os líderes se posicionarem de uma forma que permita essa liberdade maior de as pessoas contribuírem. Agora, tudo depende do modo como é comunicado. Se identifico um comportamento inadequado, faz toda a diferença falar com um tom mais agressivo ou um tom mais amistoso, se eu consigo manifestar claramente a minha vontade de ajudar. Há também situações em que o profissional é chamado para desempenhar um papel para o qual ele não sente preparado, o conhecimento que ele tem é insuficiente. É um erro ele se calar. Vale a pena se posicionar. Quando a pessoa se mostra um pouco mais vulnerável, as pessoas ao redor tendem a ajudar.

Leandro – Há também o caso em que o chefe pede opinião, as pessoas dão, mas ele faz o que quer mesmo. Entra por um ouvido e sai pelo outro. As pessoas desistem.

L – Aí é importante entender que você fez a sua parte. Uma pesquisa mostrou que equipes com líderes extrovertidos têm resultados menos criativos do que equipes com líderes introvertidos. Foi uma surpresa. São estudos da pesquisadora Susan Cain, autora do livro *O poder dos quietos*. Ela disse que o extrovertido é muito endeusado, todo mundo gosta, ele atrai admiração. E a tendência é que as pessoas obedeçam ao "chefe" sem questionar. Já os introvertidos criam um clima favorável para que os profissionais falem, deem opiniões. E, com mais gente opinando, há respostas mais criativas, mais amplas.

LÍDERES NAS REDES SOCIAIS

Sardenberg – O líder deve se expor nas redes sociais?

Leny – Até um tempo atrás, a orientação geral era de que as altas lideranças deveriam evitar esse tipo de exposição.

Hoje isso mudou, porque há vantagens. Primeiro, engaja mais os funcionários. Segundo, atrai mais talentos. Antes, a principal fonte de informação sobre a empresa era a internet, a consulta no Google. Hoje, de acordo com uma pesquisa recente, a segunda fonte mais importante para a informação é a página do LinkedIn do CEO. Só perde para o próprio site da empresa. Em terceiro lugar vem o Google, seguido por Facebook e Twitter.

S – O que a pessoa tem de expor? As suas ideias, as suas propostas? Porque também pode dar errado.

L – Pode. O líder precisa se pronunciar, só que tem de tomar cuidados. Os temas têm de estar atrelados à forma como a empresa se posiciona. Porque ele estará como o sujeito da empresa X. O nome da empresa acaba virando o sobrenome. O Sardenberg da CBN. A responsabilidade aumenta. É preciso definir a intenção dele nesse contato com as pessoas. O mais importante é que ele se faça conhecer como profissional.

S – Porque o cara não pode botar foto dele passeando de barco, tomando caipirinha.

L – O que isso acrescenta? Ele tem de saber quem deseja alcançar. Mostrar a posição da empresa diante de temas impactantes, como iniciativas que envolvam diversidade, inclusão. Hoje, ao buscar emprego, a pessoa procura lugares onde os valores são próximos aos dela. Quando a empresa se posiciona em relação a programas, ações, projetos de alcance social, é muito interessante. Ele tem de evitar temas polêmicos.

S – E sobre posições políticas?

L – É um risco. Política e religião são temas que estão num terreno meio arenoso. Vai ter gente a favor e contra. A rede social, nesse caso, não é o lugar para gerar polêmica. É uma apresentação que a pessoa vai fazer dos seus princípios, daquilo que considera relevante e de como a empresa lida com questões de interesse mais geral. Uma pesquisa da Brunswick Group em 13 países, incluindo o Brasil, mostra que 63% das pessoas preferem trabalhar para um líder conectado. Cerca de 90% esperam o posicionamento desse líder, especialmente quando a empresa vive uma situação de crise. E isso tem de ser rápido, ágil. Então, a exposição é necessária. E, como se trata de pessoas de destaque, o cuidado tem de ser redobrado. É preciso ser autêntico, não dá para querer construir uma imagem. Tem de usar dados confirmados por fontes oficiais, falar de coisas que sejam bem embasadas e justificadas. Aí é uma exposição positiva, a pessoa se faz conhecer e isso aumenta a adesão da população em geral à marca.

FÓRMULA SER

Sardenberg – Como evitar mal-entendidos?

Leny – Comunicação é um negócio desafiador. Cada um tem seu universo, seus valores e suas experiências. No ambiente de trabalho, é importante dar atenção a isso. Um diretor certamente tem um ótimo embasamento técnico naquilo que faz. A busca pelo desenvolvimento das competências da comunicação, da interação e do trabalho em equipe é fundamental para que ele consiga atuar bem. O livro *Comunicação assertiva: aprenda a arte de falar e influenciar*, de Débora Brum, fonoaudióloga do Rio Grande do Sul, aborda de forma bem direcionada ao ambiente de trabalho a importância de buscarmos essa clareza.

Respondendo à pergunta, convém falar sobre o que prejudica a comunicação. O primeiro fator é a pressa. É tudo para ontem. A gente vai falar com alguém, quer resolver rapidamente, manda uma mensagem curtinha, pouco clara e dá encrenca. Tem também a falta de preparo. O esforço de se preparar para uma exposição é muito relevante. O improviso é arriscado, porque não sabemos o que se passa na cabeça do outro. O terceiro fator é a falta de consciência emocional. No caso de dar uma notícia ruim, é importante identificar que tipo de emoção vai estar por trás, tanto por parte de quem recebe quanto de quem comunica. Pode ser que a pessoa não esteja confortável em fazer aquele comunicado. Então, precisamos procurar nomear e entender a emoção. Isso é gerenciamento de emoções, não é controle. E o quarto é a falta de empatia. Saber as necessidades e a realidade do outro. Claro que isso pressupõe uma escuta atenta.

Me chamou a atenção uma fórmula que a Débora propõe, chamada SER, um acrônimo para "sucinta", "específica" e "relevante". Nossa comunicação tem de ser sucinta, com o foco naquilo que é efetivamente importante. E, no momento da comunicação, precisamos ser diretos. Frases curtas, com uma sequência lógica de ideias. Evitar excessos, detalhes na nossa fala. Deixar que o outro peça, se for preciso. Se ele quiser conhecer mais, estará aberto a essa complementação. Ter uma comunicação específica é utilizar mensagens claras, com detalhes que por vezes pareçam óbvios. Esse cuidado evita incompreensão, ruído e atraso, que podem gerar prejuízos. Ela conta a história de uma senhora que vai a um restaurante fino, olha o cardápio e pede uma sopa. Ao receber o prato, ela levanta a mão e pede ao garçom que experimente a sopa. Ele fala: "Não está do seu agrado? A senhora não gostou da sopa?" E ela diz: "Não se trata disso. Experimente a sopa". O garçom fala: "Se a sopa está fria, pode deixar que eu mando aquecer". Ela diz: "Não. Não se trata disso. Experimente a sopa". Diante da insistência, o garçom resolve experimentar e, nessa hora, ele nota que não tem colher.

S – Mas essa mulher é chata.

L – Concordo. Ela deveria ter falado direto. Aqui, a mensagem é que cada cabeça pensa de acordo com os seus valores. O garçom, preocupado em ter atendido mal, em ter uma reclamação, começa a achar que errou.

Cássia – Talvez fosse o caso de o garçom perguntar qual era o problema, em vez de tentar adivinhar.

L – Quando não há informação, a imaginação toma o lugar. É importante falar o que para nós parece óbvio. Ela queria mostrar que a colher não estava lá, logo, não poderia comer. Quando nossa mensagem não é específica, o outro vai concluir o que quiser, baseado nos seus conceitos e valores. Por exemplo, quando eu digo que preciso de um relatório com urgência, posso estar pensando em hoje até o fim da tarde, mas o outro pode pensar que será até o fim da semana! E, finalmente, o que eu digo tem de ser relevante. Precisamos dizer o porquê. O neuropsiquiatra austríaco Viktor Frankl diz: "Quem tem um bom *porquê* enfrenta qualquer *como*". Então, "por que eu quero comunicar isso?", "qual a minha intenção?". Quando você sinaliza claramente para o seu interlocutor a razão, ele se apropria, entende e vai entregar na linha do que você está propondo.

AMBIENTES TÓXICOS

Sardenberg – Muitos líderes acreditam que precisam usar "rédea curta" para controlar seus colaboradores, e acham que estão certos! Dá para ser assim sem parecer tóxico?

> **Leny** – O termo "ambiente tóxico de trabalho" é novo, mas a prática é antiga. Lá atrás, tinha muito a figura do chefe rigoroso, que não se aproximava das pessoas. Hoje essa prática é inviável. Pode até parecer que está dando um resultado em curto prazo, porque, pela pressão, as pessoas temem e querem entregar de alguma forma. Só que é um comportamento que não se sustenta. Porque desmotiva o profissional, o clima de terror gera receio, faz com que um veja o outro como ameaça e isso produz uma série de efeitos negativos. Esse ambiente tóxico no trabalho é resultado de falta de respeito, de uma competição excessiva, de exigência de resultados muitas vezes fora da possibilidade das pessoas, de uma comunicação sem clareza, de líderes inseguros. Esse tipo de condição predispõe a uma comunicação sem empatia. Há momentos em que as informações são ruins mesmo, que o outro não gostaria de escutar, pois vai ser cobrado, corrigido. E isso deve acontecer. Só que o líder precisa buscar um jeito de falar que gere mais aproximação e deixe claro o respeito pelo outro.

Cássia – Ainda ouço casos de reprimendas em público. A privacidade pode ser um caminho, né?

> **L** – Há uma orientação de que os elogios devem acontecer em público, e as broncas, no privado, para evitar essa exposição constrangedora, que desmotiva. Os efeitos de um ambiente tóxico são físicos e mentais. Um ambiente assim gera estresse crônico, a pessoa se sente mal, com

dificuldade de dar respostas assertivas. Prejudica o sistema imunológico, retarda o tempo de cura de doenças, a pessoa fica mais vulnerável a infecções, tem mais insônia e depressão, aumenta o uso de fumo e de álcool, de drogas ilícitas, e diminui a disposição para exercícios físicos. Uma pesquisa recente mostrou que um ambiente tóxico também gera perdas cognitivas. A pessoa passa a ter dificuldade de raciocínio, de aprender as coisas. Existem colegas tóxicos, empresas tóxicas, mas o carro-chefe para esse ambiente é o líder tóxico. Problemas com líderes assim impulsionam oito em cada dez pedidos de demissão. Então, pelo que entendo, a resposta é geral. Ou seja, 80% dos pedidos de demissão são causados por líderes tóxicos, certo? Então, esse ambiente tóxico também vai fazer mal para a empresa. As pessoas ficam menos criativas, o desempenho cai, aumenta o risco de acidentes de trabalho. Fuga de talentos é algo muito relevante, porque pessoas desestimuladas vão procurar outro lugar.

S – Deve ser horrível sair todos os dias para trabalhar em um lugar horroroso.

L – E passamos tanto tempo no trabalho. As pessoas nessa condição devem buscar aliados e estabelecer limites, procurando conversar, interagir e se posicionar.

LÍDER INSPIRADOR

Sardenberg – É possível se tornar um líder inspirador?

Leny – Nós todos somos capazes de desenvolver talentos, habilidades. Alguns com mais facilidade, outros com menos. As empresas têm aprendido muito sobre liderança. Tanto que existe uma oferta imensa de cursos e treinamentos voltados para o desenvolvimento da liderança. Assim como comunicação, que é um comportamento aprendido, portanto, passível de melhora. Vai depender da intensidade do treino e da dedicação.

Cássia – Dá para aprender pelo exemplo também, não é, Leny?

L – A questão do modelo é muito relevante. Precisamos observar pessoas que admiramos, naquilo que pretendemos melhorar, modificar. E as empresas têm observado que líderes inspiradores geram mais resultados.

S – Eu li uma reportagem da revista *The Economist* sobre o pagamento de CEOs e alguns deles mudam o costume, o modo de ser, o padrão da companhia. Nesses casos, merecem ganhar bem.

L – Porque são líderes transformadores. Nós construímos percepção pela maneira como lideramos, como nos comunicamos. Essa percepção gera reação nas pessoas. O líder inspirador consegue retornos muito acima do que ele teria simplesmente com a força do crachá. Quando ele impõe, as pessoas entregam o mínimo necessário para parecer que estão correspondendo. Uma pesquisa da consultoria Bain & Company identificou 33 características que distinguem os líderes inspiradores. Eles fizeram perguntas para várias pessoas das instituições e consultaram especialistas da psicologia, da neurociência, da área de recursos humanos para avaliar esses achados.

Dividiram essas características em quatro grupos. O primeiro diz respeito aos recursos internos: tolerância ao estresse; independência; otimismo; flexibilidade. E tem um conceito que eles chamaram de centralidade. Tem a ver com a busca pelo equilíbrio interno. O líder, para ser inspirador, tem que estar centrado, se sentir equilibrado em relação às circunstâncias. O segundo grupo é de conexão com as pessoas. Comunicação aparece com bastante destaque nessa área. Eles usam o termo "habilidade de tornar comum", que é o que a comunicação faz. Assertividade, empatia, expressividade. O terceiro tem a ver com o tom que é dado ao trabalho: responsabilidade; altruísmo; abertura ao novo; inovação e reconhecimento. O quarto se refere à forma como a pessoa lidera: foco, definição de direção. As pessoas precisam se sentir autônomas, com o direito de decidirem os caminhos.

S – Existe uma tendência nas empresas de muita delegação.

L – Para haver delegação, o líder deve ter clareza de que os outros sabem exatamente para onde estão indo. E o papel dele como comunicador é essencial. Tanto que um dos três pontos fortes considerados na pesquisa foi o líder disposto a servir à equipe. Líderes servidores devem atentar para quatro comportamentos que, juntos, correspondem a 91% do impacto que o líder exerce sobre seus liderados: otimismo, que define o clima da empresa, faz com que as pessoas se sintam mais ou menos motivadas, e o humor contagia as pessoas ao redor; visão, que é a noção clara de para onde se está indo; a flexibilidade, a importância da adaptação às novas demandas; e a abertura para o novo. A pesquisa sugere a criação de programas de liderança, não restritos aos potenciais líderes, mas para toda a organização.

S – Nós falamos certa vez sobre planejamento de carreira e você falou: "Ou você planeja a sua carreira ou os outros planejam para você".

L – Precisamos ter como meta nosso protagonismo, nossa proatividade. Normalmente, a preocupação do líder é chamar a atenção sobre os pontos fracos. Os estudos mostram que é mais eficiente ressaltar os pontos fortes do que chamar atenção para os pontos de melhoria. Quando ressaltamos os pontos fortes, a pessoa tende a reforçá-los ainda mais e, por tabela, ajustar os pontos de melhoria. Isso gera motivação.

LIDERANÇA HÍBRIDA

Sardenberg – A forma de liderar mudou com a pandemia?

Leny – As pessoas estão procurando se reinventar, porque estamos vivendo tempos bem diferentes. Algumas mudanças já estavam em curso e, na pandemia, se escalonaram muito rapidamente. A *coach* Philippine Linn fala que, em até cinco anos, a única forma de liderança que sobreviverá é a liderança pelo amor. O líder terá de se dedicar a cuidar das pessoas para que elas se sintam acolhidas e consigam atuar de maneira mais positiva. Historicamente, os líderes antigos se impunham pelo poder que detinham. Era empobrecedor, porque prevalecia a ideia, a direção de uma única cabeça. E quando se consegue inspirar, bem como motivar as pessoas a pensarem juntas, os resultados são muito melhores. Depois dessa fase, veio a questão entre as *hard skills* e as *soft skills*, ou seja, as habilidades técnicas *versus* as habilidades comportamentais. Antigamente, contratava-se pelas habilidades técnicas, enquanto as comportamentais ficavam em segundo plano. Passamos a viver um momento de grande valorização dessas competências comportamentais. Hoje tem um conceito diferente, do profissional de marketing Seth Godin, que diz o seguinte: nem *hard skills* nem *soft skills* – o que importa são as *real skills*, ou seja, as habilidades reais. E o que são essas habilidades reais? Um mix dessas duas competências. Não se pode mais acreditar que uma pessoa bem formada, que conheça tecnicamente aquilo que faz, vai dar certo só com isso. Mas também não se pode acreditar que o cara simpaticão, bacaninha, com habilidades comportamentais, vai funcionar bem. Nesse conceito vem a questão da liderança híbrida, que conjuga habilidades dos dois tipos e tem como marca principal a empatia, da liderança que escuta ativamente. Uma frase que eu adorei é: "A liderança híbrida é aquela que aprende a ouvir atentamente e a falar intencionalmente".

S – Nós estamos caminhando nessa direção?

L – Estamos. Eu atendo vários líderes e, desde o começo da pandemia, surgiram questões: "E agora, como vou me comunicar?", "Como vou liderar equipes a distância, às vezes pessoas que eu não conheço?". A tônica desse momento foi justamente a vulnerabilidade, a aceitação do lado humano. A distância entre a pessoa física e a pessoa jurídica foi para o brejo. Antes tinha aquela história de "problemas pessoais ficam em casa". Como se você fosse para o trabalho e virasse outra pessoa. Isso, na prática, não funciona.

S – Não tem como você sair de casa e falar: "Agora os meus problemas estão aqui, eu só vou pegar aqueles problemas na volta".

L – É impossível. As tentativas de se fazer isso levaram as pessoas a um desgaste enorme. As pessoas estavam adoecendo, se sentindo mal no ambiente de trabalho e, consequentemente, produzindo menos. As pesquisas mostram que o momento atual é de desenvolvimento de confiança. Essa cultura não existia muito antes, e hoje o líder é obrigado a confiar, porque o cara está trabalhando na casa dele. Um estudo do Fórum Econômico Mundial e da Accenture mostrou cinco elementos que precisam estar na pauta dos líderes de agora em diante. Primeiro, emoção e intuição a serviço dessa liderança. Segundo, missão e propósito. Terceiro, intelecto e percepção. Quarto, tecnologia e inovação. Quinto, inclusão de diferentes *stakeholders*, que são os públicos de contato. Tudo muito baseado na comunicação, na busca por relacionamentos mais saudáveis e produtivos.

RELAÇÕES NO *HOME OFFICE*

Sardenberg – Trabalhar de casa não faz com que sejamos mais vigiados?

Leny – Estamos nesse modelo de trabalho em casa há um bom tempo e existem algumas dificuldades, algumas facilidades, então buscamos nos adaptar. Essa história de vigiar já vinha desde o começo da pandemia por parte dos líderes. Muitos me falavam: "Estou me sentindo muito mal, porque não tenho muito controle de como as coisas estão acontecendo". Na verdade, essa história de a empresa ter interesse em saber um pouco além do que seria especificamente o trabalho já vem de outros carnavais. Eu resgatei uma matéria da revista *Você S/A*, de 2013, que dizia que as empresas estavam buscando observar os funcionários nas redes sociais. Havia pessoas dentro da empresa com a função de fazer esse rastreamento. Na época, os temas de maior interesse eram religião, política, vínculos com torcidas organizadas e manifestações de intolerância e preconceito. A matéria já dizia que isso influenciava promoção, punição e até demissão. A justificativa das empresas é de que não há separação entre a vida pessoal e profissional. Quem tem uma conduta inadequada na vida pessoal fará algo errado também na vida profissional. De um tempo para cá, com a nossa vida pessoal muito exposta...

S – Mas é a pessoa que se expõe.

L – Você tem razão. No caso das redes sociais, é uma exposição voluntária. Eu posto a foto de alguma situação, descrevo algo que aconteceu comigo. As empresas estão usando softwares para monitorar os colaboradores. Existem aplicativos que tiram fotos a cada cinco minutos, por exemplo, de quem está na frente do computador.

Tem empresa monitorando o número de e-mails que a pessoa envia por período. Tem inteligência artificial calculando a rapidez com que a pessoa executa as tarefas e dá uma pontuação para isso. Ou seja, é algo muito objetivo, que dá para ser medido. Agora, isso impacta muito a relação de confiança, no estado emocional das pessoas. Então, precisa ser visto com critério. Até que ponto é interessante esse tipo de monitoramento?

Cássia – Como fazemos para tornar isso mais claro, para não nos sentirmos paranoicos?

L – O primeiro ponto é abrir um diálogo. Na prática, tantos os líderes quantos os liderados estão vivendo um momento de muita instabilidade, de muita dúvida em relação à conduta. Tem gente trabalhando muito mais do que antes, porque se sente no dever de mostrar serviço, de se fazer presente, de se mostrar importante. Existem líderes que estão cobrando muito mais do que antes. E não dá para trabalhar bem com essa pressão toda. A orientação para o líder é procurar o engajamento e estabelecer uma relação de confiança. Para quem está incomodado com isso, vale trocar ideia com os colegas, identificar se os outros também estão sentindo isso, porque é uma forma mais objetiva de saber se está exagerando na impressão ou se é algo que realmente está permeando o local. Na prática, o que motiva a pessoa, o que gera engajamento é o reconhecimento daquilo que é feito. Quando o profissional tem bons resultados, é muito importante que ele seja reconhecido por isso, de preferência publicamente, para que se sinta mais motivado. E entender que é mais interessante que o próprio funcionário defina sua meta, que ele tenha foco naquilo que tem que fazer. Tem a ver com o princípio da consistência: a pessoa busca alcançar aquilo que ela promete para ela mesma. É algo muito motivador.

LÍDER MOTIVADOR

Cássia – Há perigo em virar "amigo" da equipe e não conseguir equilibrar a relação?

Leny – É uma relação delicada. Nós ainda temos muito o estereótipo do chefe que manda, daquela hierarquia de cima para baixo. Só que esse modelo funciona muito precariamente, porque a pessoa "mandada" vai fazer o mínimo necessário, sem envolvimento, sem uma motivação maior. A grande busca do líder é de inspirar, motivar, para que as pessoas deem respostas muito maiores das que se espera delas. Essas gerações mais jovens têm algumas características que as diferenciam muito. Por exemplo, a grande maioria investe bastante na formação, tem uma cabeça ágil, pronta para acatar inovações etc. Porém, tende a focar muito aquilo que não tem.

Em um processo de liderança, às vezes, essa aproximação muito grande pode dificultar a percepção dos papéis. O jovem precisa de um líder que tenha atitudes coerentes com aquilo que diz. A primeira sugestão é buscar a clareza do propósito comum. Também é importante a clareza em relação ao papel de cada um e o que é esperado nas diferentes situações. Outro ponto que funciona bem demais para esse grupo – e para qualquer situação de liderança – é a pessoa dizer o que é necessário em termos de resultado e dar autonomia para o grupo quanto às etapas do processo ou ao modo de fazer. Se eu digo: "Cássia, preciso que você entregue tal coisa. Para isso, você deve fazer assim, assim, assim", você irá meramente replicar ou tentar reproduzir aquilo que eu falei. Isso pode ser menos criativo, com você seguindo desmotivada, porque eu impus. É diferente se eu falar: "Nós precisamos chegar aqui. Como você vê essa situação? O que você considera interessante para alcançarmos isso?"

Quando o líder abre espaço para o liderado se colocar efetivamente, ele engaja muito mais a equipe. As pessoas vão ter mais motivação para colaborar, com possibilidade de respostas criativas e de melhores resultados. E os jovens gostam de ajudar, de serem consultados. Eu posso me aproximar e estar diante deles de maneira mais leve, porém deixando claro o que é esperado deles e dando autonomia. É importante avaliar os resultados para deixar claro o que funciona e o que não funciona. A liberdade é ótima, só que é uma conquista. E a liberdade pressupõe responsabilidade.

C – Mesmo que a pessoa tenha uma cobrança forte por resultado, quando a deixam à vontade para descobrir os próprios caminhos, ela se sente valorizada.

L – Se eu vejo em você uma líder que confia em mim, vou me esforçar muito para não te decepcionar, para atender à sua expectativa. E uma sugestão para esses jovens liderados: evitar o excesso de intimidade. A líder está disposta a dar um espaço, a permitir a interação, mas é a chefe.

DIFÍCIL CONVIVÊNCIA

Sardenberg – Há chefes que cansam demais seus liderados, que fazem com que eles se sintam na necessidade de se proteger?

Leny – Sim. E é um gasto de energia que poderia ser dedicado ao trabalho, aos resultados. Esse comportamento vem aumentando muito. Estamos vivendo no mundo empresarial um aumento na competitividade, um período de muita cobrança por resultados, cada vez mais rápidos, e tudo voltado para números, para bater metas etc. Isso acaba desviando as pessoas do cuidado com o outro, da empatia. Tem também a questão do poder. Quando a pessoa se sente empoderada, mas não está preparada para a função, muitas vezes começa a abusar de uma pretensa autoridade, que poderia ser voltada a resultados, para uma convivência boa, e não para uma imposição.

Há vários tipos que podemos chamar de chefes tóxicos. O autoritário. Aquele que é imprevisível, que cada hora age de um jeito e gera insegurança nas pessoas. Tem também o exigente ao extremo, que pede coisas acima da capacidade do outro ou com pouco tempo para serem realizadas.

S – Aquela história: "Pra quando?", "Pra ontem!"

L – Exatamente. Isso gera uma baita tensão. Tem o narcisista, que quer aparecer a qualquer custo. Uma pesquisa americana realizada em 2020 mostrou que 44% dos pedidos de demissão acontecem por conta de dificuldades de relacionamento com os chefes. Quase metade. Muitas vezes, talentos são perdidos por causa de um líder que não sabe liderar adequadamente. Entre as queixas de quem pede demissão, a campeã é o chefe que rouba o crédito do outro. Isso gera muito incômodo. E aí vem o chefe que pede coisas fora da capacidade ou do prazo.

S – A história do futebol: "Vocês perderam, nós empatamos, eu ganhei".

L – Isso existe e pode ser complicado. Afinal, quanto mais o subordinado se sentir motivado, mais ele vai se empenhar. Em primeiro lugar, é importante observar se há, de fato, uma pressão excessiva, ou se a pessoa está vivendo um momento de maior fragilidade, se está se sentindo mais insegura. Há que se fazer essa distinção. Uma forma é conversando com os colegas. Afinal, um chefe que tem esse perfil terá esse comportamento com todos, porque é característica dele. Vale investir no *networking* interno, ver se existem outras áreas, com outras pessoas, com quem ele possa fazer o trabalho de maneira melhor. Buscar se blindar com muita autoconfiança, e aí cabe fazer cursos, se atualizar, conhecer o que está acontecendo no mercado. Se preparar, por meio de formações, para se sentir realmente mais fortalecido e entender aquilo que ele pode dar.

Se você identifica que é uma característica da própria pessoa, se eliminou a possibilidade de ser uma fragilidade sua, é importante se preparar para um diálogo, baseado na observação do que acontece e sem julgamento. Por exemplo: "Eu percebo que, quando apresento algo, acontece esse tipo de reação. Isso faz eu me sentir mal. Podemos conversar sobre isso?" Quando você traz a questão para si, "eu me sinto incomodado", "eu não consigo produzir como deveria", desarma o interlocutor. Porque o mais comum nesse tipo de situação é a pessoa ficar tão incomodada, que, quando vai conversar, joga "a culpa" no outro. E aí diz: "Você me trata muito mal", "Você está me desvalorizando". E a tendência de reação do outro é ficar na defensiva. É uma interação com potencial de não dar certo. Então, expor de maneira clara, buscar a melhor oportunidade, se preparar para ter um controle emocional na hora desse papo, deixando claro que o objetivo é entregar bons resultados e fazer com que a convivência seja harmoniosa, é uma abordagem que aumenta a probabilidade de contar com a boa vontade do outro.

S – Porque não dá para todo mundo ficar pedindo demissão. A situação não está fácil. Então, precisa ajeitar as coisas.

L – Quanto mais usarmos a comunicação como ferramenta de entendimento, melhor.

S – E a dica para o chefe tóxico?

L – Autoconhecimento. Buscar perceber as reações negativas que acontecem e sair do tal do "efeito Lúcifer" (em que pessoas aparentemente boas conseguem ser cruéis em algumas situações de poder). Vale a pena identificar o que pode gerar esse comportamento e desenvolver formas de controle, como respirar antes de agir, contar de um a dez, ver o outro como alguém que precisa de ajuda. Vale a pena colocar essa meta numa perspectiva de autoconhecimento e controle.

SITUAÇÃO CRÍTICA

Cássia – O que fazer quando o chefe não para de criticar?

Leny – Culturalmente, é muito comum as pessoas enfatizarem as falhas. É importante identificarmos os nossos pontos fracos para melhorarmos. Porém, estudos mostram que, quando nos direcionamos mais para as forças do que para as fraquezas, nos sentimos melhor e conseguimos nos desenvolver de forma mais interessante. Isso tem a ver com o chamado "efeito pigmaleão". Ele é o resultado de um estudo em que 20% dos alunos foram escolhidos de forma aleatória e colocados numa lista entregue a professores como os mais inteligentes da turma. Um ano depois, os pesquisadores constataram que esses alunos foram os melhores em todas as matérias e que, inclusive, tiveram aumento de QI (quociente de inteligência). Eles chamam isso de "profecia autorrealizável". Então, o foco naquilo que a pessoa tem de bom faz com que esses pontos se reforcem e se desenvolvam.

Sardenberg – Isso você está falando para o chefe que só critica, certo? E para o funcionário?

L – Podemos dizer que, se ele não tem um chefe que chama atenção para os seus pontos fortes, OK. Considere os pontos negativos assinalados para que possa melhorar. É importante que ele tenha essa consciência, mas procure também identificar quais são as suas forças. Já que o outro não sinaliza, que ele busque ressaltar, acreditar e investir tanto nas forças de performance, que é aquilo que ele faz bem, como nas de paixão, ou seja, aquilo que o motiva, que faz com que ele tenha vontade de se desenvolver.

CHEFE PASSIVO-AGRESSIVO

Sardenberg – O que fazer quando o chefe tem duas caras: fala uma coisa pela frente e faz outra pelas costas?

Leny – É um fenômeno que os pesquisadores chamam de "comportamento passivo-agressivo". Para dissimular a hostilidade, a raiva, a pessoa fala uma coisa e age de maneira diferente para evitar conflito. Por exemplo: imagine que você é meu chefe. Eu chego e falo: "Sardenberg, estou com um projeto bacana, quero saber o que você acha. Como a gente pode lidar com isso?"

S – "Legal! Projeto excelente! Estamos precisando desse tipo de iniciativa."

Cássia – A Leny sai da sala e, então, o que você faz, Carlos Alberto?

S – "Ora, tenha paciência! É cada coisa que me aparece."

L – E joga o meu projeto no lixo. Às vezes, a pessoa vai pedir aumento de salário e diz: "Eu tenho me esforçado tanto. Você sabe como me dedico ao trabalho". E o chefe concorda, diz que o profissional é especial, que merece o aumento e que vai pensar com carinho na questão. A pessoa sai da sala e então o chefe diz: "Imagina se eu vou dar aumento". É muito difícil lidar com uma situação assim, justamente por ser camuflada. Gera descontentamento e uma sensação de impotência. É importante identificar, porque é um comportamento que tende a se repetir.

C – Como agir?

L – Muitas vezes, não dá para pedir demissão, porque a pessoa gosta ou precisa do trabalho. Existem algumas sugestões. Primeira: compreender o que está acontecendo. Olhar para a situação, que se repete, e entender que se trata de uma característica do outro, e que não tem a ver com a gente. Segunda: não ceder ao controle. Porque são pessoas extremamente controladoras e que não têm nenhuma preocupação em engambelar as outras. Mas são pessoas que geralmente têm baixa autoestima, logo, não suportam ficar sozinhas. Então, é preciso ser assertivo: "Eu me sinto mal quando você me trata de um jeito meio irônico", "Eu tenho dificuldade de entender essa ambiguidade nas respostas que você me dá". É preciso falar de maneira muito prática o que se busca e sugerir, impondo limites, opções que sejam razoáveis em relação àquilo que acontece. É importante também manter esse chefe numa situação de segurança. Como? Aceitando as demandas, quando são possíveis de serem resolvidas. E quando não se concorda com algo, trazer elementos objetivos para que ele não se sinta inseguro. É importante ser resiliente e propor algum tipo de solução. Quando se mostra que está entendendo o jogo do outro, ele tende a ficar mais respeitoso.

CONVERSAS DELICADAS NO TRABALHO

Cássia – Como me preparar para ter conversas delicadas na empresa?

> **Leny** – É uma situação muito frequente, tanto na empresa como nos nossos relacionamentos, em geral. O que é uma conversa dedicada? É a que tem um tema de impacto na vida da pessoa, a perda de um privilégio, um retorno negativo, uma má notícia. A pessoa que vai falar se sente mal, porque sabe que vai desagradar, entristecer, e quem receberá se sente pior ainda. Sugestões para essa situação: é fundamental se preparar. Perguntar a si mesmo: O que acontece? Como acontece? Para quem eu vou falar? Por que eu vou falar isso? Responder a essas questões ajuda a ter uma visão clara do que está acontecendo. É importante levar em consideração o ponto de vista do outro e como aquilo que será falado vai impactar a vida do outro. Depois, definir as mensagens principais: o que falar primeiro, o que vem na sequência. Garantir que a conversa aconteça num ambiente sem interrupções, onde a pessoa tenha a liberdade de questionar, de manifestar até a sua emoção. Gosto de sugerir a dupla de dois "Ps": permissão e posicionamento. Por exemplo, tenho um assunto sério para tratar com a Cássia: "Preciso conversar com você sobre uma questão do nosso trabalho e devo ocupar cerca de meia hora. Quero que seja num ambiente tranquilo. Hoje à tarde é um bom momento?" Isso é permissão. Eu dou a noção do que eu quero, do tempo que eu vou levar e do tema.

C – Achei supercivilizado você ter dito quanto tempo vai durar a conversa, porque hoje em dia está todo mundo numa correria e ter essa noção ajuda a programar o dia.

L – Até porque você tem de estar lá inteira, concentrada. E o posicionamento é o seguinte: vamos supor que, durante a conversa, talvez por insegurança ou temor, a Cássia comece a falar: "Leny, você viu ontem o que aconteceu no outro departamento?" O posicionamento é eu falar: "Cássia, só um instantinho. Nós combinamos de falar sobre tal tema, vamos concluir? Depois eu até te escuto em relação a essa outra questão". É uma forma bastante pragmática de lidar com a situação. É importante a busca pela empatia, reconhecer como aquilo vai tocar o outro e demonstrar uma escuta ativa. A objetividade associada a um cuidado com o outro. Devemos nos abrir para a possibilidade de alguma solução conjunta. Isso exige flexibilidade. O último ponto é o acompanhamento, caso seja uma situação que exija alguma decisão ou ação sua na sequência.

Sardenberg – Vou perguntar sobre duas situações bem diferentes: 1. E as tais demissões por WhatsApp? 2. Como fazer quando é preciso dar a uma família a notícia de uma pessoa gravemente doente?

L – É uma falta de respeito demitir dessa forma. Às vezes, isso acontece com pessoas que atuaram por tanto tempo na empresa, que tiveram toda uma história de dedicação. Tem que demonstrar atenção e respeito, conversando presencialmente como a pessoa merece, e ouvindo-a com empatia. Sobre a segunda pergunta, é uma situação muito desafiadora. O médico, o enfermeiro, o profissional de saúde, quando vai falar, está lidando com a sua própria finitude, com os seus próprios receios de adoecer, de perceber seus familiares doentes. A médica Ana Claudia Quintana Arantes, geriatra, paliativista, no livro *Pra vida toda valer a pena viver*, fala da comunicação compassiva. Ela propõe oito "Cs" para essa comunicação de temas delicados. O primeiro "C" é de "consciência", de termos a noção de que somos nós quem cuidamos, e não quem está sofrendo aquele problema. É a busca pela empatia, pela proximidade, de forma profissional, sem se envolver de maneira desnecessária. O segundo "C" é "conexão", a abertura para estar em contato com o outro. O terceiro é "compromisso". Tem a ver com a responsabilidade diante de um paciente, de um familiar, de dar seguimento àquilo de maneira próxima. O quarto é a "curiosidade" pelo outro. Quem é essa pessoa com quem estou lidando? O que move essa pessoa? O que essa pessoa quer? É muito importante desenvolver essa curiosidade. O quinto é a "compaixão", a importância de se mostrar próximo do outro, com desejo genuíno de auxiliar. O sexto é "compreensão", que é identificar o nível de vínculo emocional com aquela pessoa. O sétimo é "criatividade", para se aproximar e ajudar a pessoa. E o oitavo é o que ela chama de "cuidar de quem cuida". O autocuidado. Como faço para me manter no meu equilíbrio, meu padrão de bem-estar? Até para lidar com a situação de forma melhor e mais efetiva.

Comunicação interpessoal

O PESO DAS EMOÇÕES

Sardenberg – A emoção tem peso na comunicação?

> **Leny** – Sim. Emoção sempre foi foco de cuidados, de estudos, porque temos dificuldade em lidar com isso. Não é nada racional. Já ouvíamos frases como "tem que controlar a emoção", e algumas pessoas mais religiosas dizem que temos que "disciplinar as emoções" para que elas não tomem conta do seu comportamento. Considerando a cultura mais patriarcal, também vemos a história de conter as emoções, em frases como "engole o choro", "não deixa a raiva te dominar".

S – E nisso tem algo especialmente contra as mulheres: "Ah, você está histérica…"

> **L** – Exatamente. É uma distorção na interpretação. Quando um homem se coloca de forma direta, pensamos: "Uau, ele é assertivo". Já uma mulher na mesma circunstância é considerada grosseira, fora do seu equilíbrio emocional. No ambiente de trabalho, é muito comum a expressão "gerenciamento das emoções". Também achei

outro termo interessante, até meio poético, que é o "cultivo das emoções". É a proposta do psicólogo Marlon Reikdal, que fala da importância de olharmos para as emoções e entendermos que elas sempre têm uma razão de ser, uma função na nossa vida. O que muitas vezes fazemos, de forma errônea, é negligenciá-las. Fingir que não é com gente. Aquela emoção está no nosso psiquismo com uma função específica, é como se ela crescesse para se fazer presente, para nos exigir algum tipo de atitude. O pioneiro no estudo das emoções foi Charles Darwin, o da seleção natural. Ele dizia que as nossas emoções são inatas, que as pessoas nascem já programadas para ter diferentes emoções. Ele fazia referência a uma universalidade dessas emoções. Paul Ekman, outro estudioso das emoções, autor do livro *A linguagem das emoções*, foi observar aborígenes de uma tribo que nunca tinha tido contato com a civilização. Ele identificou sete emoções básicas, com expressões faciais típicas, que existiam nesse grupo. E pesquisou em diferentes partes do mundo para provar que elas eram realmente universais.

S – Darwin tinha razão.

L – Exatamente. Existem sete emoções básicas: alegria; tristeza; raiva; medo; surpresa; nojo; e desprezo. Há fatores que desencadeiam essas emoções. Quem nos trouxe ainda mais ferramentas para lidar com isso foi Daniel Goleman, autor do *best-seller Inteligência emocional*. As emoções têm uma função. Elas são sempre um recado para cada um de nós. Não podemos negligenciá-las, porque senão elas vão crescer para se fazerem visíveis. Segundo Marlon, devemos cultivar essas emoções, ter um cuidado especial. Cada planta exige um tipo de cuidado. Algumas precisam mais de água, outras de um pouco mais de luz. Então, precisamos procurar dar esse tratamento. O importante é saber que cada emoção dispara em nós um comportamento e gera reações fisiológicas. Aumenta o batimento cardíaco, algumas pessoas transpiram.

S – E amor?

L – Amor é sentimento, não é emoção. Emoção é aquilo que move. Nós somos tomados pela emoção. O sentimento é a forma como eu olho para aquilo que estou sentindo e "racionalizo" ou interpreto. E aí tem amor, ciúme, inveja, que podem até ser desdobramentos dessas emoções básicas. A tristeza traz uma mensagem muito forte sobre a importância da introspecção. Deve nos fazer refletir: "O que está acontecendo comigo?", "Por que isso está mexendo comigo dessa maneira?". Esse olhar é muito importante. E tomar cuidado com um lado negativo dessa história, que é o vitimismo. Se eu olho para a tristeza e deixo de considerar a importância do meu papel, da minha responsabilidade em relação àquela emoção, corro o risco de me vitimizar. O que é ruim, porque a vitimização espera um reparo do outro e ficamos meio imóveis. O medo nos leva a ter cautela. Se estou com medo de ser assaltada, vou evitar ambientes que podem ser mais perigosos, vou procurar me proteger.

S – Medo de morrer.

L – O medo de ser assaltada é pertinente. O medo de morrer é pertinente, então vou procurar ter uma vida mais saudável, me alimentar melhor, ir ao médico. Porém, às vezes, o medo é de o outro não gostar mais de mim. Situações em que o medo dificulta uma ação mais proativa. Então, temos de olhar mais para isso e desenvolver uma melhor autoestima, um autoconhecimento maior, para que possamos lidar com essas emoções de forma mais interessante.

S – Sobre o medo de morrer, você vai se tratar, mas não tem saída, porque você vai morrer.

> **L** – Tem um lado que pode levar à prática. Tenho medo de morrer, então, vou procurar preservar melhor a minha saúde, me proteger. Mas você tem toda razão, todo mundo vai morrer. Mas outra parte desse medo terá de ser elaborada na nossa mente para irmos aceitando a ideia. E, por conta disso, até procurar viver melhor, estar bem com as pessoas ao nosso redor, sabendo que qualquer um de nós está sujeito a ter a vida interrompida a qualquer momento. Não temos controle sobre isso.

S – Tem um controle limitado. Você pode tomar certos cuidados, mas...

> **L** – Mas esse medo não pode nos paralisar. O lado ruim do cultivo do medo é não conseguir sair do lugar.

Leandro – Não sair mais de casa por medo de assalto.

S – Não viajar por medo de avião.

> **L** – A busca é no sentido do que eu posso fazer de modo proativo para acolher isso, para me proteger de alguma forma, e trabalhar a cabeça quando o medo é de algo que não controlo.

Leandro – E a alegria?

> **L** – Alegria gera um movimento em direção ao outro. O riso contagia. Se estamos alegres, a ideia é interagirmos com os outros. No ambiente de trabalho, a emoção mais desafiadora é a raiva, porque vai me levar à ação, de alguma maneira. E, às vezes, essa ação é impensada. Pode ir na linha de uma agressividade maior, de uma certa revolta. É muito importante respirar, contar até dez, entender que aquela mobilização deve acontecer numa

direção positiva. É mais interessante eu cuidar da forma como vou me colocar do que ter um comportamento de sistema límbico, de cérebro primitivo e, depois, me arrepender do que aconteceu. Então, para resumir, emoções exigem presença, que eu olhe para elas. Exigem cuidado, para eu entender as razões para ter atitudes nessa linha. E exigem muita consciência para que eu conduza minhas atitudes de forma mais saudável.

COMO DIZER "NÃO" SEM CULPA

Cássia – Tem gente que dificilmente consegue dizer "não", se mostra sempre disponível e, com essa conduta, acaba contrariada e com raiva. Como evitar essa situação?

Leny – É uma situação muito frequente. E tem explicações que vêm de quando éramos primitivos. O ser humano é uma espécie muito fraca. Só conseguimos sobreviver porque começamos a atuar em grupos, em bandos. Um protege o outro. Nós todos temos intrinsecamente um medo muito grande de desagradar o bando e ser banidos, o que pode representar risco para a nossa sobrevivência. Agora, é muito curioso, porque uma das primeiras palavras que o bebê aprende é "não". À medida que ele vai se desenvolvendo, percebe que, para ser aceito, precisa dizer "sim". As pesquisas mostram que, quando dizemos "sim", querendo dizer "não", dizemos "não" para nós mesmos. Isso é muito pesado e pode trazer uma sensação de contrariedade, de raiva. Uma pesquisa da Universidade Cornell, nos EUA, diz que as pessoas são muito mais afeitas a dizer "sim". Primeiro porque é uma resposta imediata. Somos programados para responder rapidamente. O "não" geralmente pede uma explicação. Eles fizeram o estudo com 15 mil pessoas, que recebiam pedidos de pessoas estranhas na rua. Por exemplo: "Posso usar o seu celular, porque o meu está sem bateria?" O índice de resposta positiva foi muito alto. Existe essa tendência, também pela ideia de cooperação. Há situações, porém, em que precisamos usar o "não".

C – Como a gente fala "não" e se sente bem?

L – António Sacavém, o autor do livro *Aprenda a dizer não sem culpas*, diz que há vários tipos de "não". O "não" que ele propõe é o "não positivo". O "não negativo" é: "Você pode me ajudar com tal coisa?" "Não". Curto e grosso. Esse vai gerar mágoa. Existe o "não assertivo", quando as pessoas propõem algo que vai muito contra os nossos princípios. Imagine que um parente meu me peça para arranjar um atestado afirmando que ele está com problema de voz e não pode trabalhar, simplesmente porque quer descansar. "Não arranjo." Aqui não precisa nem justificar, porque se trata de algo que contraria os meus valores. Agora, o "não positivo" é o "sim" para nós, ao mesmo tempo que demonstra cuidado com o outro.

O Sacavém diz que o "não positivo" tem três partes. A primeira é o acolhimento. Por exemplo, a Cássia precisa que eu a ajude em alguma coisa, mas é num horário complicado para mim. "Cássia, eu entendo a tua aflição, a tua necessidade de entregar isso rápido e estou percebendo a tua falta de tempo." É o acolhimento, a empatia. O passo dois é a justificativa. "Mas eu também tenho de entregar isso rapidamente." A terceira parte é o que ele chama de solução conciliadora. "Assim que eu entregar isso, posso correr para te ajudar e terminamos mais rápido. Pode ser?" É uma maneira de demonstrar cuidado e atenção com o outro. Isso já baixa o nível de mágoa, de irritação do outro. Ao trazer a justificativa, o cérebro humano está muito pronto para acolher. Toda vez que você usa o "porque" em alguma fala sua, a tendência é que o outro se abra para uma compreensão. Porque ele te vê interessado em justificar.

Outro exemplo: uma amiga está atrasada e me pede ajuda para pegar o filho pequeno na escola. Acolhimento: "Imagino como você está preocupada, porque a gente fica tensa de deixar o filho passar do horário na escola. Eu vou entrar ao vivo agora na CBN e, agora, não posso. Tem uma taxista de confiança que eu conheço, que pegava meu filho, posso te passar o contato dela?" São formas de lidar. O que não dá é ficar sentindo essa contrariedade, essa raiva, quando dizemos "não" para nós.

C – Em uma entrevista com a médica Albertina Duarte, uma das coisas que me marcaram foi a dificuldade de as mulheres dizerem "não". Porque não querem desagradar, não querem frustrar a expectativa dos outros. Ela é coordenadora do Programa de Saúde do Adolescente, da Secretaria de Estado da Saúde de São Paulo. Ela fala que essa postura, no limite, leva adolescentes a tomarem decisões ruins do ponto de vista afetivo-sexual. Como não usar preservativo, pela dificuldade das mulheres em dizerem "não". O ser humano tem essa dificuldade, mas tem um componente de gênero nessa questão, não é?

L – Muito forte. Tem uma questão cultural. O menino é criado para fazer o que está com vontade, sair para jogar bola e tudo o mais. Com a menina, é: "Ah, ajuda a mamãe, seja boazinha". É marcante e é injusto. Mas também não devemos ser radicais, passando a negar tudo. Não se trata disso. Até porque sentir que estamos estabelecendo relações saudáveis é muito bom, nos faz mais felizes. A questão é identificar quando realmente se quer dizer "não", assumir que tem esse direito e partir para essa proposta do Sacavém, que envolve o acolhimento, a justificativa e uma proposta de solução. Isso garante que se faça o que é preciso naquele momento, mantendo esse relacionamento mais saudável. O físico Albert Einstein dizia que, toda vez que você diz "sim", quando queria dizer "não", morre um pedaço de você. Então, é algo que devemos encarar e sair do piloto automático, porque viver contrariado, com raiva, faz muito mal à nossa saúde e à nossa relação com os outros.

COMUNICAÇÃO É NATURAL, MAS SE APRENDE

Cássia – Se comunicação é algo natural, por que temos de aprender e melhorar?

Leny – Somos seres sociais, nos comunicamos até de forma primitiva, por questão de sobrevivência. Falamos o tempo todo, só que com pouca consciência do impacto da nossa comunicação. Essa repetição, que entra no automático, muitas vezes conduz a uma falta de reflexão. As pesquisas mostram que nos comunicamos muito pior do que imaginamos. Se considerarmos relacionamentos amorosos, um estudo da American Psychology Association, com milhares de pessoas de 96 países, observa que as causas mais comuns de separações são a falta e a dificuldade de diálogo. No terreno profissional, uma pesquisa apresentada na revista *The Economist*, com pessoas com problema no trabalho, identifica no topo da lista o ruído de comunicação como algo que afeta a produtividade e até a saúde dos profissionais. Comunicação não é o que sai da nossa boca, é o que chega ao ouvido do nosso interlocutor. Nós avaliamos, damos pesos às coisas de acordo com os nossos valores, com as nossas experiências. Só que somos seres muito diferentes uns dos outros. Então, às vezes falamos algo com uma determinada intenção e o outro entende de forma completamente diferente. É sempre muito desafiador conseguirmos nos comunicar.

C – Especialmente nesses tempos de trabalho híbrido. Muitas vezes trabalho de casa, preciso me comunicar rapidamente com o estúdio, e me pergunto se não estou dando a impressão de que estou brava ou irritada. Às vezes tem de ser tão rápido, que não dá para ser delicada como num contato pessoal.

L – Exatamente. Quando estou atendendo pacientes e entra uma mensagem no celular com uma pergunta mais urgente, eu respondo bem curta e grossa, porque não tem jeito. As novas tecnologias, as novas tendências de relacionamento social, a própria pandemia, com o trabalho remoto, acabaram transformando muito a maneira como nos relacionamos. Temos usado demais a comunicação virtual, é prático, na mensagem no WhatsApp, no e-mail. A escrita é muito restrita. No pessoal, se eu chamar uma amiga para comer uma pizza lá em casa de um modo mais entusiasmado, ela vai ficar mais interessada em ir do que se eu a convidar de um modo mais frio. Só que, na escrita, não sabemos se algo tem um modo mais bravo ou apenas mais objetivo. Nosso cuidado deve ser redobrado. Há uma estimativa de que passamos 80% das horas do nosso dia praticando comunicação, seja falando, ouvindo, escrevendo ou lendo, e que só temos consciência de 5% a 10% das mensagens que emitimos. Às vezes ouço queixas como: "Eu falo no meu trabalho e as pessoas não entendem bem, elas têm de melhorar". E eu digo: "Não, o responsável pela sua comunicação é você". Temos de ser protagonistas da nossa comunicação.

Precisamos entender que tipo de sinais emitimos, o que é positivo na nossa comunicação, para reforçarmos, e o que precisamos melhorar. Outro exemplo: "Às vezes as pessoas não entendem o que eu digo". Vamos buscar organizar melhor as mensagens, articular melhor os sons e saber que a responsabilidade desse processo está em quem fala.

Precisamos aceitar que somos diferentes. Às vezes, temos de falar o que parece óbvio, porque, para o outro, pode não ter sido claro. Devemos buscar a simplificação. Entregar primeiro a mensagem principal, de modo direto e objetivo, e trazer a explicação na sequência, não o contrário. A busca pela simplicidade e pela comunicação mais direta. E contextualizar, de modo a mostrar sobre o que estamos falando. Numa reunião, o líder precisa deixar claro o que espera dos liderados. "Essa informação é só para eles entenderem ou é uma informação a ser discutida no grupo?" Precisamos chamar a atenção para a importância de ouvirmos o outro de maneira atenta e aberta. Nossa sociedade está falante demais e precisa se abrir para uma escuta empática, para entender o que outro necessita e fazer uma entrega mais direcionada.

TIMIDEZ E INTERAÇÃO

Sardenberg – Há quem seja muito reservado e tenha dificuldade de puxar conversa. Isso pode ser problemático?

Leny – Puxar conversa é bem relevante na nossa vida. Quando conseguimos aproveitar as oportunidades de puxar conversa, de falar com alguém, temos uma probabilidade maior de estabelecer relacionamentos saudáveis com um número bem maior de pessoas.

S – Estamos falando de quais situações? Por exemplo, na fila do cinema?

> **L** – Exato. No elevador. Imagine uma pessoa dizendo: "Meu Deus! Meu sonho era conhecer o Sardenberg e agora ele está aqui subindo de elevador". E então inicia uma conversa com você. Claro que há uma série de cuidados nesse tipo de situação. Mas, de maneira geral, aproveitar as oportunidades e conversar são reflexos de algumas habilidades muito valorizadas: a comunicação, a capacidade de estabelecer relações, de trabalhar em equipe. Nós, humanos, somos seres sociais, temos um cérebro social. Então, vale a pena nos prepararmos para esse tipo de situação. Como? O primeiro ponto é ser e parecer confiável. Quando você aborda alguém, o cérebro animal, o sistema límbico do nosso interlocutor, está pronto para identificar ameaças. "Opa, será que eu posso interagir ou tenho que ficar com o pé atrás?" Ser e parecer confiável têm a ver com uma série de sinais da nossa comunicação. Uma postura corporal de abertura: olhos nos olhos, braços abertos, tronco voltado na direção do outro. O sorriso é um recurso que gera uma reação de proximidade, porque aciona os neurônios-espelho do nosso interlocutor, que passa a se sentir num ambiente receptivo. Segundo ponto: valorizar o outro. Às vezes, estamos muito preocupados pensando: "O que vou falar?" "Como vou fazer?" Se você tem um interesse genuíno, se faz perguntas, se mostra disposição em escutar o outro, ele se abre para esse contato. Para ser interessante, seja interessado.

Cássia – Há quem diga que um bom começo é iniciar a conversa com um elogio. Mas tem que ser um elogio sincero. E temos que saber o que é elogio e o que pode passar da medida também.

L – Exatamente. Nesse pacote do "para ser interessante, seja interessado", você vai identificar características da pessoa. Quando você elogia alguém, é como se estivesse dando um presente para essa pessoa. Agora, o elogio, além de ser genuíno, deve ser específico. Por exemplo: "Sardenberg, que bacana te conhecer. Você é demais!" é um elogio genérico. É como se eu te desse um presente e te impedisse de olhar o que tem dentro. O elogio efetivo seria: "Sardenberg, eu admiro a forma como você expõe as informações na rádio, como você traduz conceitos complexos de um jeito simples". Agora eu te dei o presente, e permiti que você abrisse e olhasse o que tem dentro.

C – Mas tem que tomar certo cuidado, principalmente com desconhecidos, para que esse elogio não pareça uma cantada, um assédio ou até bajulação.

L – Se é uma pessoa com a qual você nunca falou na vida, tem de se cercar de mais cuidados. É necessária uma abordagem que demonstre, de forma respeitosa, o seu apreço por ela. É importante também ser interessante. Quanto mais curiosidade em relação às coisas, quanto mais você conhecer temas, informações, livros, filmes, quanto mais desenvolver o seu repertório, mais terá a dizer. É interessante pensarmos em coisas que nos geram paixão. Por quê? A paixão nos leva a ser mais especialistas em determinados temas, e transmitimos essa paixão pela forma como nos colocamos. A comunicação contagia. Se eu consigo demonstrar, eu fisgo o interesse do outro.

MENTIRAS, MENTIRINHAS E AUTOENGANO

Sardenberg – Como a gente adivinha a mentira?

Leny – Normalmente, as pessoas tendem a ser honestas, a atuar de forma ética. Quando mentem, em geral são mentirinhas mais sociais. "Nossa, como seu cabelo ficou bom", "Que roupa bonita" ou coisa parecida. Ou até quando alguém nos pergunta: "Como vai, tudo bem?", a resposta é: "Tudo", mas estamos péssimos. Como somos seres sociais, usamos muitas vezes a mentira como ferramenta de sobrevivência social, para evitar dar explicações, para escapar de alguma punição ou até pela vontade de agradar. As pesquisas mostram que pegar o outro na mentira não é tão simples. A dissimulação é difícil de ser detectada. Há 50% de possibilidade de acerto, considerando dados do Paul Ekman, um grande estudioso das emoções. Agora, quando dizemos a verdade, temos a sensação de conforto, estamos tranquilos.

Quando mentimos, a sensação de desconforto chega com tudo. A tensão, o medo de ser pego e, às vezes, uma sensação de culpa acabam sendo percebidos pelos outros por meio dos nossos sinais não verbais. Por exemplo, a pessoa tem uma dificuldade grande de olhar no olho. Ela tende a falar desviando o olhar, olhando para baixo. Ela pode fazer gestos mais fechados porque não quer a interação. Fala de braço cruzado, se vira de lado, como se quisesse fugir da situação. A voz pode ficar trêmula, porque está sob forte emoção, o que impacta a respiração. Ela pode ficar com dificuldade de engolir, porque a sensação do risco ativa a adrenalina, que seca a boca. Ela pode tentar engolir seco e demonstrar desconforto.

O mentiroso normalmente tem que elaborar uma historinha na cabeça. É diferente de falar a verdade, em que basta resgatá-la da memória. O mentiroso cria uma história fantasiosa e tem que repeti-la depois. Então, por vezes, repete a questão que fizeram a ele para ganhar tempo antes de responder. É um recurso muito recorrente, um sinal bastante forte de que está precisando de tempo para resgatar, para trazer à tona aquela história que resolveu contar.

S – A pessoa não pode esquecer, né? Ela tem que repetir a história.

L – Exatamente, por isso, o estresse. Tem um autor, um ex-agente do FBI, que diz que duas coisas são muito recorrentes nessas situações. A primeira é a falta de sincronia. Eu digo uma coisa e a minha expressão diz outra. Você me pergunta: "Você estava em casa naquele momento?" Eu respondo que sim, mas fazendo movimento de não com a cabeça. Essa falta de sincronia leva à dúvida. Às vezes, há algo diferente no tempo e no espaço. Por exemplo, é comum nos movimentarmos junto com a fala. Na mentira, entregamos primeiro a informação e depois fazemos o gesto ou movimento. A segunda característica é a falta da ênfase, o destaque que damos para determinado trecho da nossa fala. Quando falamos a verdade, a ênfase chega praticamente de forma espontânea. Quando eu enfatizo, é natural que eu também movimente o corpo. Tem o gesto, que é marcador da ênfase, a expressão do rosto. Se estou mentindo, a tendência é que eu não enfatize, porque estou trazendo aquela história decorada na minha cabeça. É outra área do meu cérebro que vou acessar, diferente da área do improviso, daquilo que estou falando de forma espontânea. Quando resolvo, até para não dar na vista, enfatizar algo, o gesto vem dissociado, e acontece depois da ênfase.

S – Quando você mente, costuma abaixar o tom de voz, não é?

L – Isso mesmo. A pessoa fala meio para dentro. O mentiroso está sempre na iminência de ser pego, e esse desconforto é percebido. É sempre interessante retirar qualquer coisa que esteja entre quem fala e quem está escutando. Porque a pessoa que mente, por exemplo, gosta de ficar atrás de uma mesa, de colocar algum objeto na frente, para se expor menos.

S – Para pegar o mentiroso, os interrogadores repetem a pergunta, pedem para repetir a história, né?

L – Para ver se tem consistência. Isso só faz o outro ir para a defensiva e ficar ainda mais atento. Esse recurso de dizer "me explica melhor", "me dá mais detalhes" é uma maneira de fazer ele repetir várias vezes a mesma história. Nem sempre ele vai conseguir reproduzir da mesma forma. Aí se percebe a inconsistência.

S – Mas tem mentiroso profissional, né?

L – Tem. Mentirosos que são profissionais mesmo, que se preparam. Se estou tão segura de que tenho que falar aquilo, vou me sentir mais confortável. É por conta disso que o nível de acerto é pequeno, 50%. Porque tem gente que incorpora efetivamente a mentira. Quanto mais mentimos, mais fácil fica mentir. O nosso cérebro se acostuma a contar mentira. Em um estudo da University College London, 80 voluntários foram encorajados a mentir e tiveram suas atividades cerebrais monitoradas. Um grupo sabia a quantidade de moedas que havia dentro de um pote e tinha que dar algumas pistas para outro grupo. Quanto mais o outro errasse, mais aumentava a recompensa do voluntário. Os pesquisadores notavam uma grande atividade cerebral da amígdala, que é a área responsável pela censura.

A pesquisa foi caminhando e eles começaram a aumentar cada vez mais a diferença para que o outro errasse mesmo, de propósito. À medida que aumentava a mentira, a atividade da amígdala diminuía gradativamente. Ou seja, a pessoa se acostuma a mentir. Agora, quando mentimos, ficamos vulneráveis. Podemos ser pegos na mentira a qualquer momento. Nos sentimos meio culpados por enganar o outro. É humano. Porém, à medida que isso vai se mantendo, sentimos cada vez menos esses efeitos negativos e tendemos a mentir cada vez mais.

S – Mas você pega, porque o cara, às vezes, esquece a história, muda um detalhe.

L – Isso mesmo. Outro dado me chamou a atenção: existem pessoas que afirmam que mentir pode fazer parte do seu trabalho diário. Exemplo: vamos supor que eu queira vender alguma coisa para a Cássia. Eu começo a conversar e percebo que a Cássia é muito interessada em caça submarina. Para que haja um contato mais harmônico entre nós duas, eu minto, dizendo que também adoro caça submarina. Minto para buscar uma aproximação, para que você, se sentindo mais confortável no contato comigo, se entusiasme a comprar aquilo que estou oferecendo.

S – É o que o pessoal fala sobre vendedor, que vai lá e engana todo mundo.

L – Nós buscamos muito a aprovação do outro. E, às vezes, ouvir uma verdade pode ser difícil. Vamos supor que você acabou de dar uma palestra, Sardenberg, se aproximou de um grupo de pessoas em que você confia e perguntou: "E aí? O que vocês acharam?" Lógico que não quer escutar: "Olha, não foi tão bom", "Poderia ser melhor". Às vezes, essa busca acaba refletindo o cuidado com o outro. Por outro lado, até que ponto estamos ajudando o outro, fingindo que está tudo bem? Se eu não o conheço, apenas te encontrei por acaso, num evento, e te responder: "Parabéns, foi sensacional", OK, vai te agradar. Eu não vou mais ter contato com você, não sou próxima a ponto de me preocupar mesmo com o seu desempenho. Agora, se somos próximos, Sardenberg, o melhor é falar a verdade, de maneira delicada, cuidadosa, para que isso possa se refletir numa melhoria.

Cássia – E quando a mentira é para nós mesmos?

L – Um ponto muito importante. O autoengano é inconsciente. E, como tal, não vai disparar os sinais negativos, não vai trazer estresse. Ele é ainda mais perigoso. O economista e filósofo Eduardo Giannetti tem um livro sobre autoengano, em que conta que fazemos isso o tempo todo. Por exemplo, quando colocamos o despertador dez minutinhos antes da hora certa de acordar. Ou quando acreditamos em juras de amor de alguém que está mostrando que a coisa não vai rolar do jeito que imaginaríamos. Ele diz até que, sem o autoengano, a vida seria muito dolorosa, muito chata, sem encanto. Então, temos que olhar qual é o limite disso.

C – Como perceber o autoengano? Com a mentira, temos os sinais negativos; com o autoengano, não temos e, às vezes, são coisas corriqueiras. Como ligar o radar?

L – São coisas corriqueiras e, muitas vezes, trazem um "benefício". Por isso é desafiador. Só que, como qualquer engano na vida, o excesso prejudica muito a carreira. Por exemplo, quando o vendedor acha que não precisa visitar o cliente e manda só a lista de preços. Isso pode detonar a carreira dele com o tempo. Tem a ver com aquele chefe que não se envolve na contratação dos funcionários diretos, que delega tudo ao RH. Aquele que acha que pode liderar sem sair da própria mesa, sem interagir com as pessoas. O estudante que acha que vai passar na prova, no concurso, sem estudar. A pessoa que acha que pode crescer na profissão e fazer sucesso sem se preparar e se atualizar. São situações que podem prejudicar muito o desenvolvimento.

Quero destacar quatro tipos de autoengano. O primeiro é o autoengano funcional, em que mentimos para nos convencer de que a nossa decisão está correta. O exemplo mais clássico é a fábula em que a raposa tenta várias vezes pegar as uvas, não consegue e, ao desistir, pensa: "Ah, não tem problema, elas estavam ruins mesmo". É uma forma de se autoenganar para se tranquilizar, para dizer a si mesmo: "Não consegui, mas tudo bem". O segundo tipo é quando valorizamos demais alguma coisa para justificar uma ação nossa. Imagine que você quer comprar aquela bolsa linda e maravilhosa. Só que é muito cara e vai pesar no seu orçamento. Mas, no impulso, você compra. E tenta se convencer: "Puxa, mas é uma bolsa feita à mão, de um material nobre, tem grife". O terceiro é o autoengano consolador. Quando colocamos a culpa de algo em um agente externo. "Eu não consigo aquela promoção porque o meu chefe é uma pessoa muito negativa." "Eu tenho ciúme porque o meu namorado me dá motivo." São momentos em que nos colocamos no papel de vítima e não conseguimos lidar com as situações. O último tipo é quando mentimos para nos convencer de algo. Contamos uma história que até pode ser real, mas com uma valorizada, um exagero, e vamos nos acostumando a ela a ponto de parecer que foi daquele jeito. São situações que, teoricamente, vão trazer alguns benefícios no curto prazo, mas que, quando se mantêm, podem prejudicar muito o nosso desenvolvimento.

PERSISTÊNCIA × TEIMOSIA

Sardenberg – A pessoa deve abrir mão de uma opinião no trabalho quando os outros apontam justificativas contrárias? Ou deve insistir?

> **Leny** – Vamos pensar um pouco sobre a linha entre persistência e teimosia, que é tênue. Às vezes tendemos mais para um lado, às vezes, para o outro. Vemos hoje as pessoas muito apegadas às próprias ideias. "Eu penso desse jeito, não me abro para mais nada. Se alguém na rede social vai contra a minha ideia, eu bloqueio." Estamos perdendo muito com isso. Um estudo publicado na revista científica britânica *Nature* pediu a 65 voluntários que respondessem se uma nuvem de pontos pretos estava se movendo para a direita ou para a esquerda, e dizerem o quão seguros estavam de suas respostas. Na sequência, eram dadas mais informações sobre a direção. As pessoas que disseram ter alto nível de confiança na primeira decisão simplesmente não consideraram as novas informações. É aquela história de só escutar aquilo que se quer escutar. Os cientistas chamam isso de viés de confirmação. Quando observaram o cérebro das pessoas, por meio de ressonância, encontraram pontos cegos quando elas ouviam as novas informações. Ou seja, simplesmente não processavam, não davam espaço para perceber algo diferente.

Cássia – Elas ouviam o que queriam ouvir ou liam o que queriam ler. As redes sociais colaboram muito para isso, não é? Porque você tem, entre os seus amigos, pessoas que pensam como você.

> **L** – Incrível. Isso acontece quando, por exemplo, um casal vai ao médico. A mulher está muito preocupada com a saúde do marido e ele está tranquilo. Ambos escutam a orientação do médico. A mulher sai falando: "Está vendo? Eu

não falei para você se cuidar, que o negócio está feio?" E o marido diz: "Não, o médico falou que está tudo bem". É incrível como a gente escuta o que está predisposto a escutar.

C – E tem jeito?

L – Sim. É importante se abrir para acolher outras opiniões, escutar ativamente. É um exercício de humildade, porque temos de comparar o que o outro está dizendo com a maneira como pensamos. Às vezes até para mantermos a nossa opinião, mas nos dando a chance de olhar de outra forma. Entender que somos pessoas diferentes. E o diferente não é melhor nem pior. De repente, essa diferença pode trazer vantagens. Hoje, vemos grande parte das empresas buscando a diversidade, contratando pessoas diferentes. Então, é sobre ver como podemos contribuir com o outro e o outro contribuir conosco. É melhor para todo mundo.

COMUNICAÇÃO ENTRE CASAIS

Sardenberg – Vamos falar da comunicação na intimidade, entre casais?

Leny – Uma tônica nas pesquisas foi considerar intimidade nos relacionamentos as uniões com, pelo menos, dez anos de duração. Como tudo na vida, a intimidade tem um lado sol e um lado sombra. O lado sol é o estabelecimento da confiança. Tanto para se expor como para ouvir o outro de maneira mais atenta. A confiança traz algo muito positivo em qualquer relacionamento, que é a possibilidade de expressar emoções. É poder contar para o outro como está se sentindo. O lado sombra é que, estatisticamente, estudos mostram que, nas conversas de um casal, em comparação com as conversas entre pessoas mais distantes, impera a falta de cuidado. Isso se manifesta de várias formas. Um interrompe o outro com mais frequência, o outro tende a puxar o parceiro para baixo.

Cássia – É como se, passada a fase da conquista, você tivesse uma liberdade – de repente, até num sentido ruim – com o parceiro, uma atitude que não teria com uma pessoa estranha, um colega, um amigo.

L – Você teria muito mais cuidado com uma pessoa assim do que com o seu parceiro de vida. Entre os casais, um fere os sentimentos do outro com muito mais frequência do que com pessoas estranhas, de outro tipo de relacionamento. Esses são dados de uma pesquisa do especialista em relacionamentos John Gottman. Então, temos que tomar cuidado.

C – É bom ter o conhecimento disso justamente para evitar esse tipo de coisa.

S – Porque, se for assim, é melhor não ter intimidade com ninguém.

L – Pois é. Mas como a Cássia comentou, já sabendo disso, ficamos mais atentos. Há outro dado de uma pesquisa feita com 50 casais, por Regina Tannus Fonseca e Ana Lúcia Novais Carvalho. Elas estudaram o poder da empatia e o poder da assertividade entre os casais. Notaram que a empatia é um fator muito relevante para garantir relacionamentos mais saudáveis. É essa questão do cuidado com o outro que precisamos preservar. Há alguns empecilhos para que essa comunicação aconteça de forma ideal. A estatística mostra que 31% dos casais reclamam da falta de tempo para se dedicar ao parceiro. Já 23% alegam que o trabalho levado para casa é um empecilho grande. E 17% culpam a televisão.

S – Televisão aqui é um conceito amplo, incluindo celular...

C – Telas, não necessariamente se sentar na frente do aparelho televisão.

> L – Você pode até sentar junto com o parceiro e conversar sobre o que está sendo visto. É diferente. E os 23% do trabalho também se somam nessa questão do celular. Porque, por exemplo, Sardenberg, quando você está conversando e pega o celular para olhar alguma mensagem que o povo da CBN te mandou, é uma forma de você também estar trazendo o trabalho como um empecilho para aquela relação.

C – Quais são os gatilhos?

> L – O primeiro grande gatilho: crítica. Você fala alguma coisa para o seu parceiro e ele entende isso como uma crítica. O que ele faz? Já se fecha, vai para a defensiva.

C – Estou até imaginando a cena: "Não falo mais nada para você!"

> L – Um fala, o outro recua, vai para defensiva e o papo morre. Outro grande gatilho é o acúmulo de mágoas, de aborrecimentos. Às vezes, a pessoa registra um desconforto com alguma coisa que aconteceu, mas pensa: "Ai, que preguiça, deixa para lá". Joga para debaixo do tapete e aquela mágoa fica guardada, acaba crescendo e dificultando o relacionamento. Isso tudo prejudica. As pessoas também não se ajudam muito em relação aos temas. Numa pesquisa da Universidade Federal do Paraná, foi observado que 25% conversam sobre filhos, 18% sobre trabalho e 14% sobre dinheiro. Os outros temas, como o bom relacionamento entre o casal, o prazer de estarem juntos etc., ficam com uma porcentagem baixa.

S – Apareceram as conversas sobre sexo?

L – Sim, mas em apenas 1,7% dos temas. Outro dado que chama a atenção é achar que o parceiro sempre entende o que está na cabeça dele: isso é citado por 76% dos entrevistados, olha que número alto. E o pior é que 80% acreditam que realmente conseguem saber o que está se passando com o outro.

C – Em tese, você não precisa conversar. Eu espero que você entenda o que eu quero e você tem certeza de que entende o que o outro pensa.

L – Aí complica. O importante é ser empático, cultivar o contato com o outro e se abrir para essa comunicação. Outro ponto muito importante: focar o presente. O que passou, passou. Senão fica um muro de lamentações, uma mágoa não resolvida, e vai cada vez ficando pior. Precisamos praticar o perdão porque ninguém é perfeito e, quando você convive muito proximamente, os problemas, as dificuldades e os defeitos aparecem muito. Então, coração aberto para perdoar. Buscar embalar a comunicação com um cuidado maior. Se eu fosse dar um *feedback* para um amigo, eu procuraria as palavras certas, o tom correto. É claro que devo procurar fazer isso também com o meu parceiro. As pessoas merecem o nosso cuidado, a nossa atenção, o nosso amor. É preciso ficar alerta, evitar adivinhar o que o outro está pensando, ficar fazendo suposições. Pergunte. Comunicação clara, assertiva e generosa.

AS TRÊS RAZÕES DA COMUNICAÇÃO

Sardenberg – Quais os primeiros cuidados que alguém que quer se comunicar melhor deve ter?

Leny – Três pontos são relevantes e devem ser considerados. Primeiro, se comunicar bem deve ser um dos propósitos para a nossa vida. Por quê? Porque, quando nos comunicamos, construímos percepção e geramos impressões para as pessoas o tempo todo. Então, que seja uma boa impressão. Segundo, porque a forma como nos comunicamos determina resultados. Nós geramos percepção e o outro reage a ela. Por exemplo, se eu quero pessoas me ouvindo de maneira interessada, envolvida, tenho que buscar uma comunicação que gere esse tipo de resultado. E assim é com todas as outras questões da nossa vida. Terceiro, porque nos comunicarmos bem nos torna mais felizes. Quando nos comunicamos mal, geramos mais mal-entendidos. Então, a boa comunicação vai gerar resultados.

S – Se eu gosto de uma pessoa e não consigo dizer isso, o que acontece?

L – Você gosta da pessoa e espera uma resposta dela. Só que, se você não consegue embalar bem a sua comunicação, periga de ela nem suspeitar disso. Conseguir transmitir para o outro o que sente é importante porque facilita atingir os objetivos, gera conexão, encurta distâncias. Agora, para que isso não caia naquela longa lista de promessas de final de ano, o que devemos fazer? O Joel Moraes, que foi atleta, nadador, técnico, tem um livro que se chama *Esteja, viva, permaneça 100% presente*. Ele recomenda que, para toda decisão, é preciso pensar numa ação imediata. Não adianta só ficar no terreno do pensamento. Ele usa um trocadilho curioso: "A alta performance vem depois de uma autoperformance". Mostra a importância do nosso desenvolvimento antes de buscar essa alta performance. Assim vamos tentando, persistindo com disciplina, até conseguirmos.

S – Por coincidência, eu estava lendo uma frase do escritor Mario Vargas Llosa sobre vocações. Ele faz uma série de observações para concluir que ninguém vai bem se não faz aquilo que gosta.

L – É importante traduzir em ação. Porque, às vezes, buscamos fazer algo focados demais no resultado. Mas, quando você faz o que gosta, o caminho é prazeroso. Você vai fazer até dar certo, a motivação vem daí.

S – Você tem a satisfação de ter trabalhado naquilo que gosta.

L – Exatamente. A consequência será você alcançar. Ele chama a atenção para outro ponto: às vezes, você vai trabalhando até que a coisa aconteça. Mas, se você pensar em algo grandioso demais, pode ser que fique muito distante. Então, ele sugere quebrar aquilo que se está buscando em pequenas ações, que dependam só de você. Por exemplo: "Quero me comunicar melhor". O que eu vou fazer? No dia de hoje, vou buscar escutar com mais atenção o meu interlocutor. Comece por aquele que você gosta mais, porque é mais fácil, e assim vai evoluindo até conseguir ouvir aquele com quem você não concorda tanto. Vale, por exemplo, ficar atento em alguns momentos do seu dia na maneira como você está articulando os sons e caprichar para isso sair melhor. Vale evitar palavras que possam minimizar a importância do que você diz. Por exemplo, "eu acho", "parece que", "vou tentar". É mais interessante focar essas ações em alguns períodos do dia e, gradativamente, ir conseguindo esse controle.

S – Em vez de "vou tentar", "vou"...

L – Se você fala assim: "Ah, vou tentar te ajudar nisso", é muito menos do que falar: "Vou te ajudar nisso". Há palavras que enfraquecem a mensagem e devem ser evitadas. Porque você pode parecer inseguro, que não está envolvido com o que diz. Buscar essa mudança de hábitos de maneira fracionada. É importante ler para se comunicar melhor. Então, não precisa pensar: "Vou ler um livro por semana". Busque um livro que te dê prazer. Leia um capítulo, dois capítulos por dia. As pequenas vitórias vão nos motivando. O autor fala que não adianta você ficar contando com a motivação, porque a motivação não é confiável. Então, independentemente da motivação, faça. A ação começa a transformar as suas atitudes em hábitos. Na hora em que vira hábito, você consegue ir adiante.

CARISMA ACÚSTICO

Cássia – Como podemos dizer se a voz de uma pessoa é boa ou não?

Leny – Essa é uma questão bastante subjetiva. Tem muito a ver com gosto. Algumas pessoas consideravam as vozes roucas sensuais. Na prática, nossa voz carrega nossa intenção de comunicação. E podemos avaliar se ela é interessante ou não pelo tipo de impacto que geramos nas pessoas. Se você consegue ser convincente pela maneira como fala, se gera respostas positivas, se as pessoas ficam interessadas em escutar aquilo que você diz, podemos dizer que é uma voz boa.

C – Como fazer isso?

L – Há um conceito chamado carisma acústico. Trata-se de um índice que varia de 0 a 100 pontos, resultado de uma fórmula de avaliação que considera 16 parâmetros. Dentre os mais importantes: o tempo; a melodia; a pausa; o ritmo; e o volume. Quem trabalha com esse conceito é o foneticista dinamarquês Oliver Niebuhr, da Universidade do Sul da Dinamarca (SDU). Ele desenvolveu essa fórmula e gravou as vozes de seis pessoas lendo um trecho de *Fausto*, de Goethe, e submeteu a seis jurados, que teriam de dar notas conforme elas chamavam atenção ou não. Ele submeteu o mesmo material à avaliação tecnológica do carisma acústico. O primeiro lugar coincidiu com a avaliação do carisma acústico. Houve uma congruência entre o resultado da tecnologia e a percepção das pessoas. Isso é bem interessante.

C – Significa que a ciência é bem precisa.

L – Sim. E a gente pensa: "Como pode isso?" Temos uma conexão direta das nossas emoções com a maneira como falamos. Falar é resultado da nossa emoção e gera emoção no nosso interlocutor. É algo primitivo, tendemos a fazer identificação de uma maneira fácil. O estudo percebeu que, de todas as características avaliadas, a que mais se destaca é o conceito de extensão vocal. Tem a ver com o número de notas que somos capazes de produzir, considerando desde a mais grave até a mais aguda. Numa condição ideal, devemos ter de 8 a 12 notas de extensão vocal, ou seja, de uma oitava a uma oitava e meia. Niebuhr resolveu pesquisar duas vozes que são conhecidas das pessoas em geral. A primeira foi a voz do Steve Jobs; ele tinha mais de duas oitavas de extensão vocal, 24 semitons, ou seja, duas oitavas completas. Na avaliação do carisma acústico, ele obteve 93,5 pontos em 100, ou seja, uma voz com grande expressividade. A voz do Mark Zuckerberg, do Facebook, obteve 52 pontos. Um padrão de fala mais monótono.

C – Mas posso aprimorar a minha voz se ela não for interessante ou não carismática?

L – Sim. O parâmetro mais relevante, que é a extensão vocal, tem a ver com uma flexibilidade maior das nossas estruturas. Então, se eu me percebo com uma voz monótona, posso trabalhar com técnicas, com exercícios que vão propiciar o alongamento e o ganho de tônus de músculos vocais, com o apoio e a orientação de um fonoaudiólogo.

CONVENCER SEM IMPOR

Cássia – Como ser convincente sem parecer impositivo?

> **Leny** – Nós persuadimos o tempo todo. Um vendedor, classicamente, quer vender um produto, um serviço, e nós, como grandes vendedores que somos das nossas ideias, das nossas crenças, dos nossos conceitos, precisamos persuadir, convencer as pessoas para alcançar os nossos objetivos. Cabe distinguir persuasão e manipulação. A persuasão envolve gerar um interesse para os dois ou para todas as partes. É o nosso interesse. A manipulação envolve só o meu interesse. Há pessoas que têm comportamentos mais egoístas, que querem convencer o outro o tempo todo. Aí acende a luz vermelha. Mas, quando a intenção é boa, o convencimento é uma ferramenta essencial para o nosso contato com as pessoas no trabalho e no dia a dia.

Sardenberg – Uma primeira sugestão, então, é não impor a minha opinião, mas pensar numa ideia conjunta?

> **L** – Isso. Estabelecer uma relação de ganha-ganha, em que as partes vão ser favorecidas de alguma maneira. Um livro interessante é *Máxima influência*, de Kurt Mortensen, que propõe 12 leis da persuasão. Eu elegi as cinco mais relevantes. A primeira lei é a da conectividade. Quando você precisa persuadir, é fundamental se abrir para o outro, ouvi-lo com atenção para entender o seu ponto de vista, para saber o que o motiva, qual é o

lado dele naquela história. A segunda é a da expectativa. As pessoas tendem a agir conforme o que se espera delas. Então, se justificarmos bem o nosso interesse, o porquê do que estamos propondo, aumentamos a probabilidade de adesão. E aqui cabe o conceito da prova social, que diz o seguinte: nós todos gostamos de nos sentir aceitos, de fazer parte de um grupo. Então, quando você discorre a respeito das suas razões, ganha a adesão do outro mais facilmente. A terceira é a lei do contraste. Trata-se de propor alternativas que mostrem o custo e o valor daquilo que vai ser obtido. Mostrar alternativas para que o outro escolha, mas as duas estão afinadas com aquele bem maior.

S – Mas aí é um truque. Você fala: "Escolhe umas das duas" e você apoia as duas?

L – Pois é. Mas veja um exemplo bem simples. A criança quer escolher a roupa e está muito frio lá fora. A mãe, em vez de impor, pode fazer assim: "Você pode usar o casaco azul ou o amarelo". A criança vai se sentir escolhendo e as duas alternativas vão atender às necessidades. A quarta é a lei da escassez, segundo a qual, se criarmos um senso de urgência, aumentaremos o valor do outro e aceleraremos a decisão. Sabe aquela história? Vai ter um show: "Primeiro lote de convites já está encerrado", "segundo lote já está encerrado", "o terceiro tem poucos convites". Rapidamente tento comprar o convite para obter vantagem, porque é algo escasso. A quinta lei é a da estima. Tem a ver com valorizar o outro, mostrar por que a adesão dele é importante para o projeto. Se conseguirmos explicitar isso e usarmos recursos de comunicação que geram proximidade, interesse genuíno, aumentamos a probabilidade de fazer dar certo.

Existem três erros a serem evitados. O primeiro é se basear na autoridade. Ou seja: "Eu sou sua chefe e estou mandando". O segundo é simular um consenso que não é real. "Olha, quero muito que você participe disso. Inclusive, a sua colega, o seu subordinado e o seu chefe já aderiram." O terceiro é o puxa-saquismo. "Olha, Sardenberg, você é uma pessoa que eu respeito tanto, é fundamental a sua adesão a esse projeto..." E abordo de uma forma muito artificial, com poucos dados objetivos. Se eu falar assim: "Sardenberg, sua percepção crítica é interessante para mim e eu gostaria que você me desse a sua opinião", é uma coisa. Agora: "Sardenberg, você é maravilhoso, porque você é uma pessoa que eu considero demais", aí pode gerar uma impressão negativa.

BULLYING NO TRABALHO

Cássia – Como identificar *bullying* no local de trabalho?

Leny – Sempre houve a questão do deboche, de dar apelido, muitas vezes de forma pejorativa. Temos notado um aumento exponencial desse tipo de situação, com consequências muito negativas. Pensando na definição, *bullying* é a prática de provocar, constranger, humilhar ou agredir alguém verbalmente ou na intenção. Então, demonstrar uma intenção, um olhar torto, uma expressão de raiva ou coisa parecida já é considerado *bullying*. Convém diferenciarmos da questão do assédio moral, que se refere a algo que ocorre de cima para baixo. Tem a ver com um chefe, um líder, um superior que pode prejudicar o subordinado.

C – Até há alguns anos, algumas pessoas poderiam considerar algo menor, uma brincadeira. Você tem dados que mostram que o *bullying* pode trazer consequências para a vida das pessoas.

L – Um levantamento da revista *Você S/A* mostrou que, em 74% dos casos, o *bullying* corporativo provoca prejuízos profissionais à vítima. Apenas 26% dos casos de *bullying* são punidos, ou seja, o responsável acaba tendo que se retratar de alguma maneira. E apenas 10% dos que praticam *bullying* são desligados da empresa.

C – Do ponto de vista pessoal, que tipo de comportamento quem é vítima de *bullying* deve adotar?

L – O primeiro aspecto é a pessoa desenvolver a autoconfiança, a autoestima. A ideia é que ela conheça o seu valor e se blinde. Nós todos temos pontos positivos e negativos. O fundamental é exacerbarmos os pontos positivos, nos desenvolvermos e, ao mesmo tempo, lidarmos com os eventuais pontos de melhoria, para que possamos ter uma conquista efetiva dessa sensação de autoconfiança. O segundo aspecto é expressar o incômodo de forma assertiva. Vale refletir, identificar em que ponto aquilo nos pega e procurar dialogar de maneira franca sobre o tanto que aquilo nos incomoda. Se, mesmo com essas tentativas, a situação não se resolver, o passo seguinte é procurar o gestor mais próximo, eventualmente o RH, para compartilhar o que está acontecendo.

RELACIONAMENTO ABUSIVO

Cássia – Como agir ao perceber que uma amiga está numa relação afetiva abusiva, agressiva? Muitas vezes a vítima nega e evita o assunto. Como estabelecer uma comunicação eficiente com pessoas próximas que estão numa relação como essa?

Leny – O tempo todo no noticiário há informações de pessoas que sofrem abuso e, muitas vezes, com desfecho negativo. E aquela condição não começou já naquele auge. Quando começamos a identificar sinais, a perceber que isso acontece com a gente ou com alguém próximo, é interessante buscar interferir. A pessoa que é vítima desse tipo de relacionamento, muitas vezes, leva um tempo para perceber. Por quê? Porque tende a idealizar o par, a enxergar no outro os pontos positivos, que fazem com que se sinta bem. As pessoas muitas vezes dizem: "Puxa, hoje os relacionamentos estão tão frívolos, tão curtos, por qualquer coisa a pessoa já fica incomodada e se separa". Então, algumas pessoas parecem buscar desenvolver uma tolerância maior, e é justamente esse limite que pode ser perigoso.

A vítima, muitas vezes, não percebe, e quem está ao redor identifica muito claramente. Quando buscamos abrir os olhos do outro, podemos usar recursos ruins e a pessoa ficar na defensiva. Eu encontrei um trabalho do psicólogo, doutor em neurociência, Yuri Busin, que expõe algumas abordagens ruins. Primeiro, é muito comum falarmos algo do tipo: "Por que você ainda está com esse cara?", às vezes até com um tom de raiva ou de incômodo. Só que o outro não está enxergando o problema, então, a tendência é que ele defenda o relacionamento. Ou seja, não é a reação que estamos buscando. A proposta é utilizar: "O que te faz feliz nesse relacionamento?"

C – Assim você leva a pessoa a pensar, a analisar friamente o relacionamento.

L – Exatamente. Às vezes, ela até vai notar que tem algumas coisinhas que agradam, mas, quando começa a ter essa reflexão mais ampla, pesando os prós e contras, pode ficar mais fácil identificar que o lado negativo parece ser maior. Outra expressão comum, ainda nessa questão do clima de raiva, é algo do tipo: "Mas você é uma idiota por ainda estar com ele". Esse tipo de pressão leva toda a responsabilidade do problema para as costas da vítima. A proposta é: "Você pode deixá-lo, você consegue, se você quiser". Outro ponto a ser evitado é fazer juízo de valor. Por exemplo: "Ele é um canalha, esse cara não presta". Isso gera postura defensiva no outro. E aqui não adianta mostrar, a pessoa é que tem que perceber esse tipo de situação. É mais interessante trazer falas do tipo: "Olha, o fulano de tal fez a mesma coisa com a ciclana. O que você acha desse tipo de situação?"

C – Tirar o foco daquele relacionamento.

L – Exato. Com esse afastamento, a pessoa consegue perceber melhor. Outra falha é dizer: "Você está com ele porque quer", trazendo uma ideia de erro, que vai gerar postura defensiva mais uma vez. Questionar "até onde você iria nessa relação por ele?" é uma forma interessante de ajudar o outro a estabelecer limites. Na verdade, é questionar: "Qual é o teu limite? Ele te xinga, te maltrata. Você vai ficar até ele te dar um bofetão? Até onde você está disposta a chegar?". A clássica "você não se dá o valor" também não ajuda. Acusar a pessoa aumenta a fragilidade e, mais uma vez, ela vai perceber que esse é um julgamento seu, e não a percepção dela. Pode ser mais interessante trazer: "Você é tão boa, por que esse relacionamento faz você se sentir desse jeito?" E, finalmente, há o lavar as mãos: "Não falo mais nada, não quero mais saber". Isso gera uma postura de afastamento, que só vai atrapalhar. Precisamos ter paciência e dar apoio ao outro. Pode ser mais interessante substituir por: "Estou aqui para o que você precisar, conte comigo". Isso é exercitar a empatia, promover uma comunicação que acolha, que aproxime e que seja continente.

BOA ORATÓRIA INCLUI SABER OUVIR

Cássia – Saber ouvir também é muito importante na comunicação, não é, Leny?

Leny – Muito importante. Rubem Alves fala sobre o sucesso dos cursos de oratória e questiona se haveria tanto interesse das pessoas num eventual curso de "escutatória". Eu descobri um curso de escutatória, fui lá assistir a uma palestra com o Thomas Brieu. Ele é franco-brasileiro, morou muito tempo na França. Ele se dedica a treinar pessoas sobre as questões de escutatória e *storytelling*. Seu treinamento começa com a discussão de um aspecto muito interessante: temos uma capacidade de atenção e de escuta que é naturalmente muito limitada. E ainda temos uma vida cada vez mais acelerada, com muitas informações e estímulos. Por conta disso, nossa capacidade de atenção empobrece. É um paradoxo ao qual devemos prestar atenção. Muitas vezes, nos colocamos de uma forma e nosso interlocutor pode ter uma interpretação inadequada, por não conseguir escutar bem. Isso pode gerar reações defensivas. Aquele famoso "lutar, fugir ou congelar", que é uma resposta reptiliana do nosso cérebro primitivo, nos atrapalha.

Sardenberg – Como é esse sistema?

L – Nosso sistema nervoso reptiliano é o mais primitivo, o mais antigo. Existe a partir dos répteis mesmo. Quando esse sistema é acionado, só conseguimos responder a partir de três possibilidades: lutando, fugindo ou congelando. Numa negociação, porém, queremos gerar uma postura colaborativa, em vez de uma reação defensiva.

C – Escutar sem ter tanta preocupação de responder ou reagir. Dar um tempo para entender o que a pessoa está falando, em vez de ficar já pensando: "O que vou dizer depois?"

S – Ou partir do pressuposto de que "esse cara está falando besteira".

> **L** – Sim, os preconceitos atrapalham a escuta. O Thomas defende que a grande busca num diálogo é colocar os dois interlocutores como protagonistas. É muito comum irmos para uma relação de comunicação querendo protagonismo. "Olha", "presta atenção", "é importante que você faça isso". Ditamos regras. Isso vai gerar uma postura defensiva no outro, que está sendo cobrado, se sentindo sem espaço para se colocar, e não está sendo ouvido. O Thomas sugere alguns cuidados. Nós temos gavetas na nossa memória. Se essas gavetas estiverem cheias, não conseguiremos absorver mais nada. Precisamos, então, desocupar essas gavetas cheias, para abrir o espaço para o outro. Nosso cérebro é limitado. Então, precisamos envolver nosso interlocutor de maneira positiva, para que ele se interesse por aquilo que vamos dizer. De que forma? Devemos usar frases curtas, com forte intensidade. É interessante colocar uma ideia de cada vez e buscar periodicamente o *feedback* do outro.
>
> Na mesma linha, quando somos nós que estamos ouvindo, é importante valorizarmos o outro, nos mostrarmos realmente disponíveis nessa relação, sinalizarmos que estamos atentos, devolvendo para ele, com outras palavras, a ideia que ele nos quis transmitir. Isso acalma, faz com que o outro se sinta efetivamente escutado. O Thomas traz um exemplo em relação ao uso da palavra "mas". Ele diz que nós tendemos a utilizá-la de forma errônea, que acaba afastando o nosso interlocutor. Por exemplo, se eu digo: "Cássia, quero ir com você ao cinema, mas tenho que fazer um trabalho", já estou me colocando como passiva nessa situação, ou seja, provavelmente eu não vou. Vejam como muda se eu falar assim: "Cássia, quero

muito ir ao cinema com você e tenho que fazer um trabalho". Então, vou escolher o que quero fazer, estou na posição de protagonista. Ao pedir a sua opinião a respeito disso, te convido a participar dessa relação de comunicação, que flui melhor, porque você se abre.

C – E a Leny não falou: "Eu *gostaria* de ir ao cinema". Ela falou: "Eu *quero* ir ao cinema".

L – O "gostaria" é uma expressão que enfraquece, eu me coloco muito passiva na situação de comunicação, apenas explicitando a minha intenção, não a ação. A grande busca é encontrar uma relação de igualdade entre quem fala e quem ouve, evitando erros comuns, como colocar o outro em posição superior, e eu, numa posição de humildade. "Eu gostaria", "para mim, seria interessante", "talvez" e "quem sabe" são expressões que enfraquecem meu discurso. Evitar o contrário também: a imposição, porque o outro vai se sentir incomodado e partir para a defensiva. São recursos verbais que fazem toda a diferença, que mudam a maneira como as relações se estabelecem.

COMUNICAÇÃO FEMININA E MASCULINA

Sardenberg – A Leny trouxe pesquisas sobre a comunicação feminina e as diferenças em relação à masculina. Primeira pergunta: tem diferença?

Leny – Várias diferenças. Ainda bem que somos todos diferentes, complementares. Por exemplo, mulheres, de forma geral, falam mais e explicam de maneira mais analítica do que a maioria dos homens. Isso, como qualquer característica, tem um lado bom e um ruim. No livro *Por que os* *homens mentem e as mulheres choram?*, os autores Allan e Barbara Pease colocam algumas perguntas que geralmente são feitas em relação à comunicação feminina. Claro que são perguntas feitas por homens, por exemplo: "Por que as mulheres falam tanto?", "Por que as mulheres sempre querem falar sobre problemas?", "Por que elas querem saber tudo com muitos detalhes?", "Por que não vão direto ao assunto?". E o livro explica que existem razões científicas. De forma geral, o cérebro feminino é mais apto às funções de fala e de linguagem. Tanto que meninas tendem a ter uma facilidade maior e uma precocidade no desenvolvimento da fala, e os meninos, em geral, apresentam mais problemas de fala. Nos distúrbios articulatórios, por exemplo, que são as trocas de letras, gagueira, problemas vocais na infância, há uma proporção de praticamente dois meninos para cada menina.

S – Portanto, se tem mais capacidade, fala mais.

L – Também são mais estimuladas a isso, enquanto os meninos têm um estímulo maior para outro tipo de atividade, até por uma razão cultural, desde a primeira infância. As meninas são mais estimuladas a contarem e a ouvirem histórias, a família quer saber mais o que aconteceu na escola, enquanto os meninos geralmente são mais incentivados às atividades físicas, a sair para jogar bola, a competir. São características que vão reforçando essa questão. Ainda do ponto de vista neurológico, as mulheres chegam a falar, em média, de 6 mil a 8 mil palavras por dia, enquanto os homens falam de 2 mil a 4 mil palavras por dia.

S – Praticamente a metade?

L – Exato. É uma diferença muito grande. As mulheres têm uma riqueza maior de repertório, então, explicam as coisas de forma mais completa. Em uma experiência nos EUA, foi pedido a 58 pessoas que contassem histórias, com tema livre. Nesse grupo, 33 pessoas eram mulheres e 25 eram homens, de 14 a 70 anos de idade. Verificou-se que os homens falam muito mais sobre eles mesmos, enquanto as mulheres falam mais sobre outras pessoas.

Cássia – Isso ajuda a explicar por que as mulheres falam mais. Se você incluir mais gente na história, e não ficar falando apenas de você, obviamente vai falar mais.

L – Vai ocupar mais tempo falando. Um segundo ponto: homens contam mais sobre situações em que se saíram bem.

S – Quanto a isso, não há dúvida.

L – Contam vantagens, né? E as mulheres falam mais de situações em que não se saíram tão bem. Relatam problemas ou situações em que a solução não foi a melhor possível. Outro dado interessante é que os homens enaltecem mais o individualismo, enquanto as mulheres trazem mais características de afinidade, de empatia, de interdependência. São perfis bem diferentes.

Sheryl Sandberg, CEO do Facebook, usa uma expressão de que eu gosto muito. Ela diz que nós, mulheres, sempre temos de buscar uma "assertividade generosa", que conjuga dois valores importantes. Essa história de falarmos mais, com mais detalhes, do ponto de vista negativo pode nos tirar parte da objetividade. Se você falar mais, corre o risco de deixar de chamar a atenção para os pontos relevantes. Então, a busca pela assertividade é fundamental, porém mantendo nossas características de generosidade, de empatia, de nos colocar no lugar do outro. É a busca pelo equilíbrio dessas condições. As diferenças são reais, não só entre os gêneros, mas entre as pessoas, de forma geral. É muito bacana respeitar as diferenças e buscar o lado bom de cada condição. Vamos caprichar, eleger previamente as mensagens que pretendemos passar e desenvolver a escuta ativa, com empatia, com interesse naquilo que o outro vai nos contar.

COMO FAZER NOVAS AMIZADES

Cássia – Como fazer amigos e conhecer pessoas depois de adulto?

Leny – É algo muito desafiador e é uma necessidade. Nosso cérebro é social. Precisamos de interações para nos sentirmos bem. Quando estamos em contato com as pessoas, nosso cérebro libera hormônios da felicidade – endorfina, dopamina, ocitocina – e nos sentimos bem. Temos também a necessidade de um senso de pertencimento, o que tem a ver com o nosso cérebro primitivo. Nós, seres humanos, somos uma espécie muito fraquinha fisicamente. Somos bem mais fracos que o leão, que a cobra. Só conseguimos sobreviver como espécie porque aprendemos a atuar em grupo. Então, temos uma necessidade primitiva de sermos aceitos pelas pessoas ao nosso redor, de convivermos em bandos, porque isso nos traz segurança física e emocional. E temos receio de sermos banidos, rejeitados pelas pessoas em geral. Por exemplo, isso justifica a nossa dificuldade de falar "não", de termos um pé atrás quando vamos lidar com algum conflito. E, muitas vezes, as pessoas acabam se encolhendo, deixam de se colocar, por receio de não serem aceitas.

Leandro – Medo de desagradar.

L – Exatamente. Nós tínhamos uma vida muito diferente. Num táxi ou na fila do banco, era natural conversar. Interagíamos mesmo com pessoas estranhas. Num determinado momento, isso passou a ser uma possibilidade perigosa. "Não fale com estranhos" e coisas do gênero. Hoje impera um isolamento maior. Na fila do banco, por exemplo, é comum que a pessoa fique no celular, mandando mensagem. Às vezes, está interagindo com alguém, mas ela se fecha para o contato com as pessoas ao redor. Se você ainda não tem amigos, a primeira orientação é que busque pessoas no seu contato de trabalho, de estudo, de vizinhança.

C – Pessoas com interesses em comum.

L – Exatamente. Claro que no começo vai ser uma conversa com um estranho, mas se abrir para essas possibilidades é bem interessante, justamente nessa linha de buscar o ponto em comum. Pode ser uma moradora do bairro, a pessoa que frequenta a mesma academia, alguém do trabalho etc. Precisamos entender a importância de se abrir para esse contato e, muitas vezes, de tomar a iniciativa. Encontrei dois livros que falam especificamente sobre a comunicação com estranhos. O primeiro é *O poder dos estranhos*, do jornalista norte-americano Joe Keohane. Ele fala que a conversa com estranhos traz uma série de vantagens. Quando temos contato com alguém que não faz parte da nossa bolha, aprendemos coisas novas. Ele diz que esse contato nos torna cidadãos melhores, pensadores melhores e, consequentemente, pessoas melhores. Então, ao furarmos nossa bolha, ficamos mais empáticos e tolerantes. O segundo livro se chama *Contatos casuais*, de Melinda Blau e Karen Fingerman, e confirma essa necessidade de fazermos parte de um grupo. Elas dizem que só temos de tomar cuidado, porque as oportunidades são múltiplas, mas temos de ver quem está aberto, para que não haja uma sensação de invasão do espaço alheio. Esse é um ponto bastante importante.

Eu trouxe umas dicas para estabelecermos esse contato com "pessoas estranhas" no nosso dia a dia. A primeira é uma observação do outro. Estou na academia, as pessoas fazendo atividade física, eu olho e penso: "Será que tem alguém aberto a esse contato?" Aqui vale a observação das características não verbais. "A pessoa parece aberta?", "Ao cruzar o olhar, ela deu um sorriso?", "Ela ficou de cara fechada?", "Ela interage com outras pessoas?" Então, fazer uma leitura desse ambiente é importante para ver com quem vale mais a pena buscar essa aproximação. A segunda dica é tocar em assuntos que sejam mais triviais. Vamos supor que cruzei com a minha vizinha que também foi levar o lixo para baixo. "Oi, vizinha, tudo bem? Estou chegando aqui na cidade, você gosta de morar aqui no prédio?" Outro ponto muito relevante é que, quando se trata de conhecer a pessoa, criar amizade com alguém, pensamos em falar. Só que a escuta é uma forma extremamente poderosa de estabelecermos vínculos, de nos comunicarmos. Uma pergunta sobre o bairro requer uma abertura para uma escuta ativa e interessada, empática. Não apenas perguntar por perguntar. E, finalmente, a postura de quem está chegando e puxando o assunto tem que ser aberta e amistosa, inclusive do ponto de vista não verbal.

Vale a pena, por exemplo, ter uma postura corporal de abertura, se aproximar do outro com os braços abertos, com o gesto natural. Evitar se aproximar do outro de braços cruzados, com a mão no bolso. O tronco tem que estar aberto, o olhar bem direcionado, sorrir, tudo isso acaba ficando bastante convidativo. Uma pesquisa da Universidade de Chicago orientou pessoas a abordarem outras em pontos de ônibus e em salas de espera de médicos. Eles notaram que a grande maioria das pessoas acessadas foi receptiva, curiosa e agradável com quem procurou o contato. Então, se trata de uma busca que tem alta probabilidade de dar certo, de as pessoas realmente se abrirem para isso e, claro, pode ser o início de uma amizade duradoura, interessante.

C – São orientações de como fazer isso sem ser invasivo, inconveniente. Às vezes, a forma de abordagem muda tudo. Se você faz uma pergunta aberta como: "Estou me mudando para a cidade ou chegando nesse prédio, você gosta de morar aqui?", tem várias coisas que a pessoa pode te dizer a partir daí. Por outro lado, às vezes tem alguém que aborda a gente, nem é por mal, mas é com uma falta de jeito, reclamando. Chega com aquela comunicação negativa. "Estou levando o lixo, mas nunca sei que hora que passa o lixeiro…" Que vontade que você vai ter de conversar com essa pessoa?

> **L** – Essa questão da reclamação é bem colocada. Eu me lembro de uma pessoa que conheci e toda vez era algo do tipo: "Ai, tô com tanta dor de cabeça", "Nossa, eu estou com um mal-estar", "Está calor demais", "Está muito frio", "Está seco demais". Depois, conversando com essa pessoa, ela falou: "Leny, eu não tinha assunto. Então, eu tentava abrir a conversa assim". Falei: "Mas pensa em algo positivo". Porque você lidar com alguém que está sempre reclamando é muito pesado. E, claro, ter a percepção do *timing* e a sensibilidade de ver se essa pessoa naquele momento está aberta ao contato. Às vezes, é melhor deixar para depois.

COMUNICAÇÃO NÃO VIOLENTA NA PRÁTICA

Sardenberg – O que é a comunicação violenta?

Leny – É aquela que agride, que gera incômodo no interlocutor e faz com que seja mais reativo. É quando se aborda o outro sem cuidado, sem o devido respeito, buscando impor de forma agressiva a sua maneira de pensar. É a receita certa para gerar desentendimento, falta de compreensão da situação. A boa comunicação constrói percepção positiva e faz com que o outro reaja de forma colaborativa. Na comunicação violenta, agressiva, ocorre uma reação no sentido oposto, que não é nem raciocinada. "Vou ser contra, porque estou incomodado, porque me sinto desrespeitado." É a situação que vai gerar consequências muito negativas.

S – A não violenta é o contrário disso, mas temos variações, né?

L – Sim. É um conceito bastante interessante, que vem sendo trabalhado por muitas empresas. O pai desse conceito é Marshall Rosenberg, que vivia em Detroit, nos EUA, e morreu em 2015. Ele dizia que sofria *bullying* desde pequeno pelo fato de ser judeu, e que foi aprender a lutar para bater nos meninos que debochavam dele na época, mas o negócio ficava cada vez mais complicado. Num determinado momento, ele resolveu entender o que se passava, por que algumas pessoas atuavam dessa maneira mais violenta. Ele fez um extenso estudo e descobriu que nós, de maneira geral, somos seres compassivos. Ele dizia que temos a tendência de ser amorosos e afetivos, porém existem alguns comportamentos, especialmente na comunicação, que fazem com que nosso interlocutor se sinta ameaçado de alguma forma e, consequentemente, se coloque na defensiva, muitas vezes atacando o outro. Na época desses estudos do Marshall, ele se uniu ao Arun Gandhi, neto de Mahatma Gandhi, e os dois passaram a mediar conflitos no mundo. Qual é a base disso? Ele dizia que, quando você se comunica de forma inadequada, faz com que o outro fique reativo. E qual é o problema? Nós damos poder àquele que nos cutucou.

Por exemplo, eu chego aqui bem-humorada, e a Cássia está num dia ruim. Eu a cumprimento, sorridente: "Oi, Cássia, bom dia!" E a Cássia, brava, de cara fechada, responde "bom dia", sem nem olhar no meu rosto. Ser reativa nesse momento é eu olhar feio para a Cássia de volta, me fechar para ela e ficar só sorrisos para você, Sardenberg. Na prática, a Cássia teve o poder de alterar o meu estado. O Marshall defendia que devemos ser proativos nos nossos processos de comunicação. O símbolo da comunicação não violenta é a girafa, escolhida por três razões. Primeiro, porque a girafa é o mamífero que tem o maior coração da espécie; ele pesa cerca de 12 kg, numa alusão à importância dessa amorosidade, dessa afetividade. Segundo, porque a girafa tem um pescoço comprido, que permite que ela veja as situações do alto e de fora. Com isso, pode avaliar de maneira mais isenta e tomar uma melhor decisão sobre como agir. No exemplo que eu trouxe da Cássia, teria a ver com eu olhar essa situação mais de fora e pensar: "A Cássia está num dia ruim, é uma questão dela, eu não vou deixar que isso me altere". E seguir com meu modo de ser, sem alterar o meu humor.

Cássia – Tem a ver com aquela história de que, às vezes, você não pode mudar a situação, mas pode mudar a maneira como lida com ela?

L – Exatamente. Como você se comporta em relação a ela. A terceira justificativa é que a girafa tem uma carinha pequena e orelhas grandes, desproporcionais, numa alusão clara à importância do ouvir. De repente, eu fiquei impactada, achando que a Cássia está com alguma coisa comigo, afinal de contas, ontem estávamos tão bem. Se eu paro para olhar a situação, para escutar a Cássia, pode ser que eu entenda que ela teve algum problema que a incomodou.

Há algumas situações que aumentam o risco de gerarmos confronto e reações defensivas. Para elas, Marshall sugeria quatro passos clássicos e estratégicos. Ele falava que devemos começar nossa abordagem pela observação. É a descrição de um fato, de uma situação. Ele dizia que costumamos errar muito, porque nossa tendência é irmos para o julgamento. Por exemplo, em vez de abordar a Cássia assim: "Eu percebo que você está insatisfeita, chateada com alguma coisa", eu falaria: "Nossa, Cássia, você é muito mal-humorada". Esse seria um julgamento, e a Cássia já iria para a defensiva. O segundo passo envolve sentimento. É falar como eu me sinto diante desse comportamento percebido e observado. "Cássia, eu fico chateada quando te percebo assim".

C – Você não diz que eu sou chata, você diz que fica chateada.

L – Exatamente. Eu trago o foco para mim. O terceiro passo é a necessidade. Vou explicitar por que esse seu comportamento deixa de atender a uma necessidade minha. Por exemplo: "Como sua amiga, gosto de estar bem com você, sentir que estamos conectadas". E o quarto passo é o pedido. Algo bastante objetivo para procurar resolver o que está acontecendo. "Vamos falar sobre isso, Cássia?" Quando você aborda a pessoa demonstrando esse cuidado, a interação vai no sentido de estimular o outro a gerar entendimento. No fundo, a boa comunicação busca encurtar distâncias, aproximar.

VÍCIOS DE LINGUAGEM

Sardenberg – Dá para se livrar dos cacoetes de linguagem? Por exemplo, começar a frase com "aí", "enfim", no meio da frase usar "gente" e "vou falar um pouquinho"...

Leny – São as chamadas barreiras verbais. De forma geral, o leigo chama de "muletas", "vícios de linguagem". São expressões que vão impactar negativamente nossa fala. Podem impedir ou dificultar a percepção correta daquilo que dizemos. Nossa grande busca quando nos comunicamos é por parecermos naturais. Nosso interlocutor gosta de nos escutar, nos dá atenção quando parecemos naturais na nossa fala. Qualquer característica de artificialidade tende a distrair. O que é uma fala natural? É uma fala que se modifica de acordo com o conteúdo. Quando falo naturalmente, sou sempre imprevisível. Quando tenho na minha comunicação alguma coisa que permita a previsibilidade, por exemplo, eu falo alguma coisa e uso determinado gesto, falo outra coisa e repito o mesmo gesto... Na terceira vez que faço isso, quem está me escutando para de se interessar, porque vai ficar contando as vezes em que gesticulei da mesma forma. Da mesma maneira, quando repetimos algumas palavras. Ao encerrarmos as frases sempre com "né", "tá", "entende", geramos uma previsibilidade. Jovens, adolescentes falam muito "tipo", como se fosse uma vírgula no meio da frase. "Eu quero te explicar tipo como que as barreiras, tipo da comunicação, podem tipo..." O primeiro passo é ter consciência do que acontece com a nossa fala, entender quais são as expressões, as barreiras mais comuns.

Existem expressões que diminuem a importância do que vamos dizer. Por exemplo, quando digo: "Vou falar um pouco" ou "vou mostrar um pouquinho", gero na cabeça do meu interlocutor uma impressão de coisa pouca e a tendência é que deixe de se interessar. É mais interessante usar: "Vou expor rapidamente", "Vou falar brevemente". Nessa linha, tem também a famosa expressão "eu acho que". Muitas vezes falamos "eu acho" para não parecermos autoritários, só que vai para o lado de algo que gera desconfiança. Na maioria das vezes, basta eliminar o "eu acho". Por exemplo: "Escutei a Cássia falar sobre a notícia e eu acho que ela foi muito bem". É muito melhor falar: "Escutei a Cássia e ela foi muito bem". Agora, quando quero realmente deixar particularizado, dizer que é uma percepção minha, é mais interessante usar "eu acredito", "eu considero", "na minha opinião".

Cássia – "Na minha avaliação."

L – Isso. São expressões que particularizam, sem perder o valor e a importância. Outra categoria é o uso de palavras bajuladoras. "E aí, mestre", "amigo"… ou "querida", "amor", "fofa". É como se a pessoa quisesse mostrar uma intimidade. E tem as palavras do final "né", "tá", "certo", que, além de serem repetidas, passam a ideia de busca por aprovação do outro, o que revela insegurança. Tem o "então", que muitas vezes é gancho para uma prolixidade. A pessoa explica algo "blá-blá-blá" e "então" e repete com outras palavras a mesma coisa. Outra barreira verbal muito comum decorre do receio do silêncio. É uma pena, porque a pausa é um recurso de comunicação muito útil. Qualquer pessoa que duvide disso deve procurar algum vídeo do ex-presidente dos EUA, Barack Obama. Ele explora muito a questão das pausas no discurso e são momentos ricos, de reflexão, de interação com o outro. Às vezes, a pessoa encara a pausa como um buraco que precisa ser preenchido. Fica procurando a palavra que ela quer e, em vez de fazer isso em silêncio, usa "ehhhhhh", "ānnnn", que são exemplos muito comuns de barreiras verbais.

S – Isso a gente faz quando está em dúvida.

L – Exato. Se eu falar assim: "É importante que você... busque a melhor palavra... para você se expressar bem". Eu fiz dois silêncios, duas pausas pequenas. Quando falo assim, pareço reflexiva, o que é positivo. A vaca vai pro brejo quando eu resolvo ocupar essa pausa. "Sardenberg, ehhhhh, é importante queee..." Eu mudo a percepção de reflexiva para hesitante, parece que não tenho repertório, que não tenho vocabulário. Então, as dicas são: ganhar consciência; observar que tipo de vício tem; gravar algum trecho; observar e regravar corrigindo; pedir *feedback* para alguém de sua confiança. Vale buscar finalizar as frases em silêncio, usando o ponto-final, tirando qualquer coisa que venha depois. Nosso cérebro é incapaz de entender a negativa. Se você ficar pensando: "Não posso falar 'né'", "não vou falar 'né'", o "né" fica em evidência. É mais assertivo para o cérebro pensar: "Vou finalizar em silêncio". Uma grande sacada da boa comunicação é sempre afirmar. Em vez de falar: "Não esquece de levar tal coisa", é melhor dizer: "Lembre-se de levar tal coisa". A linguagem positiva é muito mais assertiva para o cérebro. Vale ensaiar, se gravar falando, observar e tentar repetir tirando aquela expressão. Com o treino, vamos adquirindo uma facilidade maior e a nossa comunicação fica limpa, assertiva e bem colocada.

PACIÊNCIA TESTADA

Sardenberg – O que fazer quando alguém testa o limite da sua paciência?

Leny – É um desafio grande. Apesar da nossa vontade, da nossa ilusão de controle, não temos nenhum controle sobre a ação do outro. Podemos, sim, identificar o que está acontecendo e escolher de forma consciente a nossa resposta. Essa resposta não pode ser uma reação. Porque, na reação, damos poder para aquele que nos atiça, que nos cutuca em relação a determinado comportamento. Quando a pessoa estoura, é porque ela se sentiu incomodada pela ação, pelo comportamento do outro. E, em vez de olhar para aquela situação e tentar sentir o que está acontecendo, ela reage. Ou seja, ela bate igual ao outro que está batendo. Quem assume o controle da situação nesse momento é uma área do nosso cérebro bastante primitiva, o sistema límbico. Como ele é um sistema muito simples, nos permite apenas três possibilidades de resposta: lutar, fugir ou congelar, como vimos anteriormente. Esse trio de respostas nos atende muito bem quando estamos diante de uma ameaça física.

Imagine que um cachorro bravo, babando, está se soltando da coleira do dono e correndo na sua direção. É uma situação de ameaça. Seu sistema límbico vai ser acionado e você rapidamente vai avaliar. Lutar não rola, porque o cachorro tem literalmente uma mandíbula de cão. De repente, você percebe uma portinha a uma distância que parece que dá para você chegar antes do cachorro. Você decide fugir e o sistema límbico vai estimular as glândulas do seu corpo a produzir adrenalina, cortisol, e você vai ganhar sebo nas canelas, correr como nunca imaginou e se salvar. A questão é que o sistema límbico não faz diferenciação entre uma ameaça física, como esse exemplo do cachorro, e uma ameaça emocional, como um chefe mal-encarado ou um companheiro ou uma companheira com cara brava para cima da gente.

COMUNICAÇÃO INTERPESSOAL 89

Nós vemos tudo como ameaça. Quando estamos numa situação de ameaça emocional, partir para a luta é o comportamento mais habitual. Quando alguém sente que vai estourar, certamente está sob o comando do sistema límbico. Então ele fecha a cara, grita com a pessoa, fala um palavrão, fica mais agressivo. É uma reação no modo luta. Se ele for no modo fuga, vai querer sair da briga, da discussão, dar as costas e ir embora. Se for para o modo congelamento, ele fica tão irritado, tão incomodado que perde a ação. Qualquer uma dessas reações vai trazer arrependimentos depois.

Então, o que fazer? Primeiro, entender que nós sempre influenciamos e sofremos influência do outro o tempo todo. Imagine se eu tivesse chegado aqui num dia ruim, entro de cara fechada, meio incomodada, meio mal-humorada. E você, Sardenberg, me olha e fala: "Leny, boa tarde!", com um lindo sorriso. Você vai me quebrar. Pode ser que você tenha influência sobre mim e eu modifique o meu estado, o meu humor por conta disso. Às vezes, a pessoa está brava, e alguém fala uma palavra carinhosa ou dá um sorriso e o outro quebra aquele comportamento. Só que isso pode acontecer para os dois lados. Pode ser que você, num dia tranquilo, sem nada especial, quando me visse chegando de cara fechada, ficasse bravo e fechasse a sua cara também. Essa influência é real e acontece o tempo todo. Eu considero que o primeiro grande ponto é ganharmos essa consciência, saber que estamos influenciando ou sendo influenciados pelos outros. E, se isso acontece, saber que essa influência parte da gente. É a busca pelo comportamento proativo, que passa pelo nosso crivo da razão, representado pelo neocórtex, a área nobre do nosso cérebro. Em vez de sermos reativos, sermos proativos. Sermos capazes de olhar para aquela situação, identificar o que está pegando. "Parece que a Leny está num dia ruim, não sou eu que estou nessa situação. Eu posso acolher, posso tentar algum tipo de proximidade, mas se ela não quer, se está fechada para isso, sigo aqui, do jeito que sempre estou". É a busca por uma comunicação consciente. Passamos grande parte da nossa vida nos comunicando, sem consciência do que está acontecendo, às vezes até sem estarmos presentes.

Cássia – Uma coisa que me ajuda – não em todas as circunstâncias –, mas na comunicação por escrito, por exemplo, quando estou prestes a ter uma postura reativa, é dar um tempo. "Se eu responder isso agora, será uma resposta muito mal-educada e posso me arrepender." Não precisamos responder tudo instantaneamente. Dali a meia hora, de repente, a percepção já é diferente.

> **L** – É um ótimo ponto. Neste mundo acelerado, temos muito essa tendência. Na hora em que estou prestes a ter uma reação, eu paro, respiro, trago a consciência e faço as melhores escolhas, que não serão uma mera reação ao comportamento do outro. Claro que isso pressupõe o autoconhecimento de saber o que nos afeta, o que funciona como gatilho para nos tirar do nosso estado de controle. A partir desse conhecimento, aprendemos a gerenciar melhor nossas emoções e a nos comportar de modo mais interessante para nós todos.

Gestão e carreira

COMPETÊNCIA VALORIZADA

Leny – Muita gente pergunta no que deve investir em termos de desenvolvimento para ser empregável, para conquistar cargos. Em uma matéria da *Você S/A* sobre as competências mais valorizadas nas empresas para 2023, aparece a capacidade de se comunicar em primeiro lugar. Esse dado foi fruto de duas pesquisas, uma da ZipRecruiter, americana, e outra de uma empresa de recrutamento brasileira, Robert Half, em parceria com The School of Life Brasil. Essa escola mostra que os cursos mais procurados são nessa linha. A habilidade de se comunicar bem está presente em 100% das posições que as empresas estão buscando. Esse aumento tem a ver com a nova forma de trabalho. Antes de 2020, só 5% das vagas envolviam o trabalho remoto. Hoje, mais de 50% das vagas envolvem esse tipo de trabalho. E, no relacionamento virtual, a comunicação é exigida em todas as posições. No mundo on-line, é preciso ser capaz de se comunicar de maneira eficiente. Outras características que aparecem: calma, controle emocional e capacidade de organização. Ao olhar para isso, percebemos uma mudança bem impactante. Lá atrás, o que nos diferenciava para determinadas funções eram as *hard skills*, as habilidades técnicas, como vimos anteriormente. Quanto mais cursos, mais chamávamos a atenção. As habilidades técnicas continuam fundamentais. Só que, à medida que crescemos na carreira, é importante não nos diferenciarmos apenas pelas *hard skills*, mas pelas *soft skills*, as habilidades comportamentais. No livro *Comunicação consciente*, Mara Behlau e Marisa Barbara propõem a mudança do termo *soft skills* para *essential skills*, as habilidades essenciais. Hoje não dá para considerar qualquer papel nosso, qualquer atuação profissional que deixe de levar em conta essas habilidades.

Cássia – O trabalho remoto faz com que tenhamos de aprimorar nossa comunicação. E tem muita gente estudando remotamente, o que representa um desafio para os professores, em termos de comunicação, e para os próprios alunos, em termos de aprendizado.

L – É verdade. É um mundo diferente, não estávamos tão acostumados a isso. E professores precisam dar aulas on-line mais interessantes para gerar adesão. Porque, on-line, a pessoa está fazendo várias coisas ao mesmo tempo, tem uma série de outros estímulos. E essa habilidade de o profissional se comunicar bem, tanto conduzindo uma reunião quanto dando uma aula, é essencial para obter a atenção dos outros. Nessa linha de fazer várias coisas ao mesmo tempo, a calma se justifica muito.

Sardenberg – E a organização, né?

L – Sim, porque é muito estímulo. E surge a pergunta: "Eu não sou tão bom, será que essas habilidades comportamentais se desenvolvem?" Sim, inclusive, devem ser o nosso foco. O primeiro ponto é ter um olhar muito claro sobre as habilidades que já temos. Falamos de calma, por exemplo. Será que as pessoas nos percebem como indivíduos calmos, serenos? Será que sabemos lidar bem com o estresse? É muito relevante uma observação honesta de quais são as nossas características comportamentais. Devemos reconhecer as nossas emoções mais habituais. Há pessoas muito mobilizadas pelo senso de urgência. Outras têm características mais raivosas, se colocam de maneira mais impaciente. E vale ver como lidamos com as nossas emoções para que possamos nos controlar melhor, é a autorregulação. Tem a ver com empenho, procurar executar, treinar. "Eu tendo a dar respostas mais impulsivas. Vou procurar me ajustar nas próximas oportunidades para lidar com isso de maneira melhor. Vou respirar, contar até dez." Vale também pedir retornos para pessoas da nossa confiança, que podem nos ajudar a entender o que temos de bom e o que precisamos ajustar.

S – Chegar para um amigo ou amiga e dizer: "Se você notar alguma coisa, dá um toque?"

L – Isso, criar essa rede de apoio, que possa funcionar como um espelho para nós. Na maior parte do tempo, nossa comunicação é muito inconsciente, somos reativos. Falamos sem pensar, reagimos às circunstâncias do nosso meio. Quando falamos em habilidades comportamentais, é importante assumir uma proatividade maior, para que o nosso comportamento represente respostas escolhidas, proativas, e não somente uma reatividade, que dá ao outro o poder de controlar o nosso comportamento. Por exemplo, quando alguém te tira do sério e você reage de maneira agressiva, você deu a ele o poder de alterar o seu estado.

RESILIÊNCIA DE CADA DIA

Sardenberg – Qual o melhor modo de lidar com dificuldades no trabalho?

Leny – É uma questão que atinge muitas pessoas. Tem a ver com o conceito de resiliência, emprestado da Física, que estuda a capacidade de alguns materiais de sofrer algum tipo de "agressão" e conseguir retomar o estado inicial. Temos de desenvolver resiliência porque os problemas vão continuar acontecendo. Eu encontrei dois livros sobre o tema, ambos chamados *Resiliência*. Um é do palestrante Ricardo Piovan, e o outro é do Paulo Sabbag, professor da FGV. Eles dizem que desenvolver resiliência nos ajuda a enfrentar melhor as pressões, especialmente no nosso trabalho. Nos ajuda a lidar com a incerteza, com a instabilidade deste mundo que estamos vivendo, que muda a cada dia. Nos ajuda a enfrentar crises, a lidar com mudanças e, principalmente, com o estresse.

Há três tipos de resiliência. O primeiro é o que os autores chamam de resiliência reativa. O resiliente reativo busca identificar culpados por aquilo que está acontecendo. Ele se sente incomodado, fica agressivo, revoltado com a situação. O segundo tipo é a resiliência submissa. É como se ocorresse uma aceitação passiva do que está acontecendo. Por exemplo: "Ah, foi a vontade de Deus", "Foi a consequência natural dessa situação", "Eu tenho que aguentar, suportar". E tem a resiliência proativa, em que o sujeito vê a sua responsabilidade em relação ao que está acontecendo, procura identificar o que realmente dependeu dele e busca ativamente formas de transformar essa experiência em aprendizado e competência. Em qual delas vocês estão?

Cássia – Obviamente, esse terceiro tipo é o que queremos perseguir. Para quem se identificar com a número um ou com a dois, como passar para a número três?

> **L** – O primeiro passo é buscar essa consciência mesmo. Se identificamos alguma resposta na linha da reativa ou da submissa, é um sinal de alarme importante para buscarmos nos instrumentalizar para modificar esse padrão. Segundo, precisamos entender que a vida traz reveses, dificuldades, desafios. Muitas vezes não temos a possibilidade de mexer nisso, mas devemos aprender a lidar com o que está acontecendo. Nossa atitude diante dessas situações deve ser uma escolha nossa. Terceiro, temos de ser persistentes, pois há situações em que não conseguimos alcançar logo o que buscamos. É preciso entender a importância da dedicação, de fazer bem a nossa parte. Outra possibilidade é encarar o problema, tomar uma decisão e direcionar a energia para resolver. Aceitar o que está fora do nosso comando, mas identificar as possibilidades de modificar aquele estado. Mesmo que essa proatividade signifique entender que realmente não há nada que possamos fazer para mudar, poderemos dedicar nossa energia para cuidar do nosso bem-estar, do nosso autocuidado.
>
> Finalmente, temos que entender que essas questões acabam nos tirando do conforto, nos incomodando, só que elas são oportunidades para o nosso crescimento, para o nosso aprendizado. Se tivéssemos a vida muito de boa, deixaríamos de desenvolver essa força e essa resiliência tão necessárias. "Dificuldade", "problema" são palavras negativas, que nos levam a nos sentir incomodados mesmo. Então, uma proposta minha é olhar para essas situações como desafios, como oportunidades para nos instrumentalizar e obter respostas melhores, sempre com proatividade, otimismo e flexibilidade.

ERREI. O QUE FAZER?

Sardenberg – Como lidar com seu próprio erro?

Leny – Diz o ditado: "Errar é humano". As pessoas erram. E o erro até nos humaniza. Mas a continuidade do ditado diz que persistir no erro é burrice. E ninguém quer parecer burro. Primeiro, a liberdade para errar é algo que estimula a inovação. Em empresas onde existe um patrulhamento grande contra o erro, as pessoas se tornam menos criativas, ousam menos, porque têm receio. Essa liberdade precisa acontecer, obviamente, com total responsabilidade. Essa vulnerabilidade de dizer que errou é algo que humaniza o líder. Até um tempo atrás, os líderes vestiam uma capa de super-herói e eram os imbatíveis, que nunca erravam. Isso é irreal e gera uma distância das pessoas.

Primeira sugestão: reconheça o erro. Dizer que errou mesmo, de forma transparente. Segunda: que o líder aceite emocionalmente aquilo e assuma a responsabilidade, que é diferente de culpa. A culpa nos paralisa, porque pensamos: "Olha o que eu fiz". Já a responsabilidade nos mobiliza. Às vezes, a tendência, até de uma forma defensiva, é o líder querer culpar os outros. Terceira: falar com a equipe, desmistificando a obrigação de estar sempre certo. É importante que o líder, junto da equipe, se faça alguns questionamentos: "Qual o impacto desse erro?", "Quais as consequências?" e pensar em respostas proativas. Em seguida: "Qual a origem? Como esse erro aconteceu?", e fazer uma análise cuidadosa para prevenir erros semelhantes. Temos que ouvir os colaboradores, pedir ajuda para fazer as correções e, mais importante, discutir com a equipe qual foi o aprendizado.

S – Em resumo, fazer uma análise completa do erro.

L – É desafiador. Porque grande parte dos líderes tem como característica certa vaidade, que é algo intrínseco mesmo. Ele lutou para ocupar aquele cargo, tem consciência da história dele, do que teve de abrir mão. Às vezes, o líder se envolve numa capa de proteção, que faz com que ele tenha dificuldade de se expor. O empreendedor norte-americano Marcel Schwantes pediu no LinkedIn para liderados de diferentes locais apontarem erros que identificam nos seus líderes. O primeiro erro foi ser arrogante. Então, é preciso que o líder administre o ego. O segundo erro foi não ser receptivo aos *feedbacks*. Quando as pessoas comentam algum ponto que deveria melhorar, a tendência do líder é ir para a defensiva: "Não é bem assim", "Isso não acontece tanto". O terceiro erro é o microgerenciamento, que é o estilo de gestão que centraliza as decisões. É o cara que não delega, que procura levar para si toda a responsabilidade e todo o poder de autonomia, de decisão. É importante que o líder consiga envolver as pessoas da equipe. O quarto erro é não dar atenção ao que o outro diz. O quinto é a falta de valorização dos profissionais. Existe ainda o receio de que o elogio deixe o colaborador convencido.

S – E tem aquele líder que não faz nada, meio vagabundo, aparece, faz uma presença, deixa as coisas andarem, não se responsabiliza por nada e, se sai algo errado, diz que "foi coisa do fulano".

L – São líderes tóxicos para a equipe. Porque não existe esse comprometimento. Deixam a equipe abandonada e, se alguma coisa sai errada, vem esse comportamento defensivo, de apontar o dedo para os outros. A questão da liderança precisa ser bem trabalhada para conseguir resultados efetivos. E essa abertura é importante para motivar as pessoas, de uma forma geral.

MUDAR DE PROFISSÃO
APÓS ANOS DE CARREIRA

Leny – Por vezes, a vida rotineira ou algum desconten-tamento levam um profissional a querer mudar de área. Essa decisão é sempre um grande desafio. Um estudo da Pearson, com 7 mil pessoas, de 7 países, mostra que cerca de 76% dos brasileiros chegaram a repensar suas carrei-ras profissionais na pandemia. Parece que deu um senso de urgência. "Como somos frágeis, vulneráveis, vamos procurar direcionar nossa vida para aquilo que nos faz bem, senão não vamos conseguir nos sustentar." Quando conseguimos juntar aquilo que precisamos fazer para so-breviver e aquilo que gostamos de fazer, temos o melhor dos mundos. Agora, precisamos levar algumas coisas em conta para agir de maneira adequada em relação a isso. O jornalista Marcelo Pimenta, no livro *Economia da paixão: como ganhar dinheiro e viver mais e melhor fazendo o que ama*, relata que, quando identificamos uma razão maior, um propósito naquilo que fazemos, temos um re-torno muito além da remuneração. Temos uma sensação de mais alegria, bem-estar, felicidade. Os estudos sobre felicidade mostram isso.

O autor sugere cinco pontos para levarmos em conta para que sejamos o que ele chama de protagonistas da econo-mia da paixão. Ele fala do grande poder da criatividade. As carreiras que existiam e a forma como lidávamos com elas um tempo atrás eram muito mais específicas e res-tritas. Hoje temos uma gama enorme de possibilidades, e podemos identificar oportunidades. Percebemos, por exemplo, que um *hobby* ou alguma habilidade que temos pode ser algo útil para as pessoas. O segundo ponto é jus-tamente a busca pelo propósito. Tem a ver com: "Qual é o meu papel neste mundo, nesta vida? Como sou capaz de contribuir?" Nessa linha de propósito, só para trazer um acréscimo, sempre pensamos: "O que eu quero? O que eu faço? Do que eu gosto?" E, às vezes, quando pensamos de que formas podemos contribuir com o outro, com o mundo, com o ambiente, identificamos mais claramente oportunidades e começamos a ter prazer, alegria de fazer diferença na vida das pessoas. O terceiro ponto: resiliência e antifragilidade. Ele traz o conceito do *flow* ou a busca pelo fluxo, aquela condição em que conseguimos atuar de maneira atenta, concentrada, focada naquilo que estamos fazendo. O quarto é o autoconhecimento. Eu gosto de perguntar para as pessoas: "O que te encanta?". O último ponto é pensar fora da caixa, pensar de uma forma diferente. Às vezes, o caminho pode estar até dentro da mesma empresa, de repente, numa outra função, numa outra condição.

Sardenberg – Não falou de dinheiro.

L – A ideia é que o dinheiro seja a consequência natural. Os japoneses, nessa linha do propósito, têm o conceito do *ikigai*. Significa uma razão para viver bem. É o resultado da interseção de quatro perguntas: "O que você ama, o que você gosta de fazer?". A segunda pergunta é: "Do que o mundo precisa?" Então, será que tem alguma coisa nisso que eu amo que pode contribuir para o mundo? A outra é: "No que você é bom?" Porque podemos até ter prazer de ajudar alguém em determinada área, num determinado nível, mas às vezes não temos ainda a habilidade necessária, e talvez seja preciso nos direcionarmos melhor para isso. A última é: "Pelo que você pode ser pago?" Quando fazemos a interseção desses quatro tópicos: o que você ama; do que o mundo precisa; no que você é bom; e pelo que você pode ser pago, encontramos o nicho da nossa realização maior.

Cássia – Eu já vi muita gente que não queria mais fazer o que fazia, queria mudar de profissão. De repente, a pessoa muda de empresa e se reencanta pela própria área.

> **L** – E, às vezes, tem oportunidade de estar em contato com outro líder. Porque sabemos da importância que o líder tem em relação aos resultados, à motivação das pessoas. Às vezes, é um relacionamento que pode não estar acontecendo da melhor maneira. Às vezes, se trata de uma expectativa grande demais, ou então a pessoa não sabe exatamente o que quer. A pessoa está buscando trabalhar com paixão. Então, o que me apaixona? O que me encanta? Às vezes, ficamos egocentrados, e perdemos a oportunidade de nos conhecer bem e de saber o que podemos oferecer. E também levar em conta que a vida não é perfeita, qualquer trabalho vai ter ganhos e perdas. Às vezes, tirar um pouco o pensamento de cima de nós mesmos também pode ajudar.

C – É bom porque não tem resposta, mas tem várias boas perguntas.

> **L** – Claro. Quando vamos atrás das perguntas, nós refletimos.

POR QUE GENTE BOA COMETE ERROS BOBOS

> **Leny** – Está havendo uma preocupação com pequenos erros, gafes, distrações, que levam pessoas a agirem de uma forma inadequada no trabalho.

Sardenberg – Tem a ver com o isolamento, com a pandemia?

> **L** – Sim. Há um cenário amplo, que envolve um cansaço generalizado. As pessoas, de uma forma geral, têm trabalhado mais, às vezes, sem o devido respeito aos períodos

de descanso. Além desse cansaço físico, nosso cérebro está sobrecarregado. As reuniões, o trabalho realizado de casa. Depois da pandemia, muita gente continuou trabalhando exclusivamente em casa ou no formato híbrido.

S – Que não acaba nunca.

L – Exato. E não há aquela separação entre os períodos de trabalho e de descanso. Antes, saíamos para trabalhar e, no caminho, nosso cérebro ia se preparando para entrar no estado de alerta máximo, de foco, de concentração. Na volta para casa, da mesma maneira, ia havendo um desligamento. Algumas pessoas faziam *happy hour* e chegavam em casa prontas para relaxar. Hoje, muitos de nós fazemos as duas funções no mesmo local. O cérebro não entende que estamos terminando uma coisa e indo para outra. A sobrecarga está bastante evidente. Estamos lidando com excesso de estímulos, porque, principalmente para quem está trabalhando de casa, tem família, tem outras pessoas que acabam interagindo no mesmo ambiente. E há uma tendência de darmos respostas mais ágeis diante de uma cobrança por velocidade e, às vezes, com menos reflexão. Então, acabamos errando mais, nos distraindo mais.

Eu achei um livro cujo título me chamou a atenção: *Por que pessoas inteligentes cometem erros idiotas?*, do jornalista inglês David Robson. Ele diz que as características que fazem uma pessoa se destacar são as mesmas que podem fazer com que ela escorregue. Ela é preparada para ter respostas ágeis. Estuda algo, conhece bem o assunto e tem autoridade para se colocar. O autor fala que isso nos torna extremamente vulneráveis. Ele conta vários casos em que existe uma negligência. Num pesquisa citada no livro, os pesquisadores pegaram grupos com matemáticos, historiadores e atletas. Ao ouvir alguns nomes, essas pessoas teriam que responder se elas os conhecem, se já ouviram falar, se não os conhecem ou se não sabem se são da sua área. Os especialistas acertaram todos os nomes de destaque nas suas áreas. Só que eles também chutaram que sabiam alguns nomes que eram inventados. É como se houvesse uma dificuldade de assumir a ignorância. De dizer: "Não, esse eu nunca ouvi falar". Eram pessoas inventadas e eles disseram: "Sim, eu a conheço".

S – Mas a pesquisa foi meio sacana.

L – De propósito. Porque é uma autoconfiança exagerada. Em outra pesquisa, eles pegaram pessoas que tinham especialização em determinada área e fizeram perguntas sobre coisas básicas. Por exemplo, perguntaram a um biólogo sobre o ciclo de Krebs, que os biólogos conhecem bem. Eles foram unânimes: "Sim, conhecemos". Na fase dois, questionados a respeito daquilo, muitos tiveram dificuldade de explicar algo básico. Porque a cabeça se desenvolveu tanto, foi tão adiante, que eles começaram a ter pequenas perdas dos conceitos essenciais.

Cássia – Às vezes, especialistas têm dificuldade de explicar para quem é leigo aquilo que eles entendem bem.

L – Às vezes são pessoas brilhantes nas suas áreas de atuação, com um conhecimento profundo, mas têm dificuldade de traduzir aquilo de maneira simples. A mente já está lá na frente, numa outra condição. Então, devemos ficar atentos a duas coisas: primeiro, a questão da autoconfiança exagerada. Precisamos ter humildade. Segundo, a falta de questionamentos, de reflexões a respeito daquilo que nos é solicitado. Tanto o extremo da ignorância como o excesso de sapiência podem nos pregar peças. E quando ganhamos notoriedade numa área, tudo aquilo que dizemos tem um impacto muito maior.

Trata-se da "maldição do conhecimento", termo proposto por Steven Pinker no livro *Guia de escrita*, da Editora Contexto, que mostra a dificuldade de pesquisadores de destaque escreverem de forma simples, voltada para o público geral.

AUTONOMIA NO DESENVOLVIMENTO

Sardenberg – É importante fazer cursos oferecidos pela empresa em que trabalha? Ou é melhor buscar cursos em outro lugar?

Leny – O aprendizado precisa ser constante. Duas coisas especiais vêm acontecendo: uma é o grande avanço da tecnologia. Quando começou a pandemia, tivemos que aprender, na marra, a lidar com o trabalho on-line. Isso fez com que alguns cargos e funções se modificassem demais, alguns até se extinguiram, e novos cargos surgiram.

S – E agora tem a situação do trabalho híbrido, certo?

L – Pois é. As pessoas notaram as vantagens do trabalho remoto. Provavelmente o modelo vai ficar híbrido mesmo. Para continuarmos eficientes, é fundamental nos abrirmos para as oportunidades de aprendizado. O segundo fator é a longevidade. Na década de 1940, um funcionário de cerca de 50 anos já estava se preparando para a aposentadoria. Ele teria cerca de 20 anos a mais de vida. Hoje, um sujeito de 50 anos tem pelo menos 30 anos adiante, pelo levantamento do IBGE. Então, antes as fases eram bem determinadas: "Estou na fase de estudo, de preparação, aí vou para a fase de trabalho, e depois para a aposentadoria". Hoje é tudo misturado. Há muitas pessoas mudando de trabalho, fazendo outra função, buscando outra forma de trabalhar, de atuar. Então, a aprendizagem tem que ser constante mesmo.

Algumas empresas estão investindo bastante nisso, outras oferecem muito pouco. Independentemente disso, é fundamental que o profissional tenha protagonismo na sua trajetória de desenvolvimento. Uma pesquisa da Deloitte constatou que 73% dos profissionais acreditam que a responsabilidade pelo seu desenvolvimento é da empresa. É uma postura passiva. Quando vou em empresas, sugiro que os funcionários sejam livres para escolher os seus temas de maior interesse. Porque, quando algo é imposto, por mais que seja bacana, pode gerar um nariz torcido. Cabe ao profissional identificar os seus pontos de necessidade, aquilo que ele precisa efetivamente desenvolver para se sair bem.

S – Eu fiquei impressionado com isso. Esses 73% vão embarcar naquilo que a empresa quiser.

L – A sugestão é que cada um busque desenvolver a sua estratégia, a sua jornada de aprendizado. Claro que isso dá trabalho e a pessoa tem que se conhecer muito bem. O primeiro ponto é o autoconhecimento. Ser capaz de identificar as suas fortalezas, aquilo que você faz muito bem, e quais são os pontos de cuidado, as características que precisa desenvolver. Cada um precisa fazer uma reflexão de onde está e aonde pretende chegar. "Para esse lugar que almejo, que habilidades são necessárias?"

Leandro – Você entra no YouTube e pode aprender um monte de coisas, além das plataformas pagas, que também oferecem um monte de curso.

L – Exatamente. Tem os TEDs, aqueles vídeos tratando de assuntos gerais que às vezes agregam tanto. Sempre pensamos no aprendizado formal, no curso, mas pessoas são fontes interessantes. Abrir o leque de convivência, identificar pessoas que são fontes de inspiração. Um conceito de andragogia, que tem a ver com educação de adultos, diz que aprendemos na prática. Então, temos que buscar oportunidades de vivenciar coisas novas. Os conteúdos estão à nossa disposição e podem abrir a nossa cabeça. Só ressalto o cuidado com os excessos. Porque o acesso está tão fácil que às vezes pensamos: "Ai, meu Deus, tem uma coisa que eu não vi", "Tem outra ali". Então, avaliar sem agitação nem cobranças excessivas, mas assumindo essa proatividade.

DEPOIS EU FAÇO

Sardenberg – Como gerenciar bem o tempo e evitar atrasos nas nossas entregas?

Leny – Como o mundo mudou! Antes, as pessoas ligavam no consultório para marcar o horário, tinha uma pessoa que atendia e agendava. Hoje, eu estou aqui e entram mensagens pelo WhatsApp, pelo e-mail, com pedidos de horário. Aumentou muito o volume de coisas que precisamos gerenciar. Isso é fato. Agora, na base dessa história existe um hábito, mais evidente em algumas pessoas e menos em outras, que é a procrastinação. Significa deixar as coisas para depois, adiar. As pessoas que cultivam esse hábito acabam entregando menos. Existe uma queda de produtividade e pior: um baita aumento de estresse.

S – Por exemplo, a decisão é difícil ou a tarefa é complicada, e a pessoa deixa para ver se anda sozinha, não é?

L – Sim. Pode ter a ver com um problema, com uma tarefa e até com uma ideia. Por exemplo, eu estou sempre ligada nessas coisas de comunicação, de liderança. Às vezes, ao me deitar, minha cabeça começava a pensar: "Pode ser legal falar sobre tal tema, pode ser interessante…", e me atrapalhava o sono, porque ocupava espaço na cabeça. Eu resolvi a situação deixando do lado da minha cama o que eu chamo de "caderno de ideias". Quando me vem alguma coisa na cabeça, eu sento na cama, anoto rapidamente, às vezes até de madrugada, e volto a dormir. É uma forma de registrar a ideia, desocupar o espaço da mente e, depois, com mais tempo, olhar para aquilo e decidir como vou fazer e de que maneira vou abordar. É um hábito interessante. É um processo por fases. Por vezes, porém, as pessoas passam por situações em que há uma falsa ideia de segurança. Por exemplo: "Tenho que entregar um relatório, mas tem tempo. Vou entregar só na semana que vem".

Às vezes, é porque existem outras prioridades, até que essa missão seja a prioridade da vez. Ou seja, já no prazo final para entregar. A segunda fase é a preguiça mesmo. "OK, eu tenho que fazer, mas daqui a pouco eu penso nisso". A terceira fase é a das desculpas: "Agora não dá, porque estou ocupado, tenho que fazer isso antes, porque tem alguém me esperando". A quarta fase é a da negação: "Ah, mas eu vou conseguir fazer rapidinho, dou uma sentada e consigo entregar isso". O que acaba acontecendo? Das duas, uma: ou não entrega efetivamente ou entrega algo com a qualidade muito aquém do que poderia ter sido. Então, é um vício inadequado, que atrapalha a nossa evolução pessoal e profissional.

Algumas sugestões: a primeira é considerar que força de vontade é como um músculo que precisa ser exercitado. "Eu não gosto quando deixo de entregar ou entrego com uma qualidade ruim, então, vou me programar, vou desenvolver força de vontade para organizar as coisas." A segunda sugestão é passar para o papel. Às vezes, você está numa atividade e lembra: "Preciso pagar alguma coisa", "Preciso redigir um texto". Coloca no papel, faz um *checklist* de coisas a serem feitas. Além de tirar da cabeça, também nos favorece a observação racional das prioridades. Nessa listinha, vão ter coisas que podem esperar, outras urgentes e outras que são importantes, mas não urgentes. Então, fazemos um escalonamento. Criar o hábito de checar a agenda permite uma visão do tempo atual e de médio prazo. Isso ajuda demais.

Débora – Como combater, então, o hábito de procrastinar?

L – Há um TED, de Tim Urban, que traz uma história pitoresca. Ele tinha que fazer um trabalho de conclusão de um curso e foi jogando para frente, até que entrou numa urgência absurda. Ele conta que teve que fazer o trabalho de um ano em uma noite. Passou a madrugada acordado e concluiu. Chegou à faculdade, com olheiras, e o trabalho não foi aceito, porque estava muito ruim. Ele diz que foi um momento de virada, um divisor de águas. Ele postou numa rede social o que tinha acontecido e recebeu inúmeros comentários de pessoas de diferentes áreas, políticos, professores, pesquisadores e artistas, dizendo viver essa situação. Resolveu se debruçar sobre o tema e percebeu a interferência de três mecanismos que atuam no nosso cérebro. Ele nomeia uma parte do nosso cérebro de "macaco da gratificação instantânea", em referência a uma herança dos nossos antepassados irracionais. Esse macaco busca evitar a dor e ter o prazer. O segundo mecanismo do cérebro é o "tomador de decisão", a porção racional que decide o que temos que fazer ou não. O terceiro, ele chama de "monstro da urgência". É quando temos o risco iminente de uma grande vergonha, de sermos reprovados.

Com esses três mecanismos, somos, de forma geral, seres procrastinadores. Temos que conviver com isso num momento ou numa determinada situação ou numa determinada área. Às vezes, a pessoa no trabalho entrega tudo no prazo, mas procrastina na vida pessoal. Adia o plano de fazer atividade física, de se alimentar melhor e por aí vai. Tim Urban recomenda observar se aquilo que você tem que fazer tem um prazo ou não. Quando tem o prazo, vai chegar o monstro da urgência, que, segundo ele, é o único que consegue dominar os outros. O macaco saltitante da satisfação instantânea só consegue ser domado pelo monstro da urgência.

D – E normalmente vem com uma carga de tensão, não é?

L – Exatamente, o que faz um baita mal. Se você tem um prazo, sabe que esse monstro da urgência vai aparecer e domar o macaco. Qual é o risco? Entregar algo com qualidade ruim. Mas, à medida que queremos nos desenvolver pessoal e profissionalmente, precisamos entregar cada vez melhor. Já para as situações em que não há um prazo determinado, em que as decisões dependem de nós, a tendência é adiar mais. Por quê? Porque, sem o monstro da urgência, o macaco do prazer imediato faz a festa. Ele sugere que, nessas situações, busquemos criar um prazo interno ou compartilhado com alguém. Por exemplo, eu penso que caminhar todos os dias vai fazer muito bem para mim, só que vou adiando, porque não tenho prazo. Uma forma interessante é eu propor para a minha amiga Débora: "Vamos caminhar juntas? Você passa em casa?" É uma forma de eu ter essa urgência de prazo junto a você. Pode ser que eu me comprometa também se eu mesma me der um prazo. Por exemplo: quero me alimentar de forma mais saudável a partir da próxima semana, então marco uma consulta com uma nutricionista.

D – Definir objetivos e dar um jeito de se organizar.

L – Sim. A segunda sugestão vem do livro *Por que as pessoas não fazem o que deveriam fazer?*, de Christian Barbosa. Priorizar passa por identificar o que é equilíbrio e o que é resultado para você. E seguir critérios de necessidade, de viabilidade. Ou seja, o que você vai fazer tem que ser viável. E ter paixão, que é importante. Um exemplo: quero ter mais tempo para a minha família. Então, essa é uma prioridade que vou colocar no terreno do equilíbrio. Um exemplo de resultado: "Quero escrever um livro", então vou precisar me envolver, dedicar um tempo para conseguir realizar. Isso traz clareza. Ele chama a atenção para a importância de equilibrarmos o que é racional e o que é emocional, porque, às vezes, é algo que não vai mudar muito a nossa vida, mas vai nos fazer felizes. Então, temos que priorizar.

COMO COMEÇAR BEM AS PALESTRAS

Leny – Começar bem uma palestra é uma preocupação constante. Estudos mostram que 85% das pessoas iniciam uma apresentação nervosas e, no decorrer, o nível de tensão começa a cair. E 10% das pessoas começam nervosas e se mantêm assim. Em 5%, esse nível aumenta no decorrer.

Cássia – Esse começo da palestra ou de um diálogo é mesmo determinante para você "ganhar" a pessoa com quem está conversando ou "ganhar" o seu público? Ou, se não começar muito bem, dá para reverter?

Sardenberg – O pessoal de televisão diz o seguinte: "Você tem que pegar o cara em 30 segundos".

L – Isso é muito embasado em dados da neurociência, que mostram que é nos primeiros segundos que o nosso interlocutor toma a decisão de continuar dando bola para gente ou ir fazer outra coisa. Eu costumo dizer que são nesses primeiros segundos que o nosso interlocutor se pergunta: "O que eu tenho com isso?" Você começa a falar comigo e, pensando no conjunto enorme de informações que têm na minha vida, avalio: "Isso que o Sardenberg está trazendo vai me acrescentar?" Se eu consigo, já nos primeiros segundos, perceber valor naquilo, ótimo, ganha a minha atenção e vou me manter conectada. Se você, por outro lado, começar contextualizando muito, rodeando para me falar alguma coisa, imediatamente respondo para mim mesma: "Não tenho nada com isso, vou pensar em qualquer outra coisa". Esse é um baita desafio, tanto pela questão de atrair e manter o interesse do outro como por conta desse eventual nervosismo, que nós todos tendemos a ter em uma situação de mais relevância.

S – Esse nervosismo inicial é até bom, não é? Dá uma adrenalina.

L – É até necessário. O estresse tem um lado positivo, do qual não podemos abrir mão em uma situação relevante. Quando estamos estressados, o pensamento fica mais ágil, a memória mais aguçada e temos mais prontidão de resposta. Se estou "moscando" nessa fase inicial, posso me desestabilizar por alguma razão, pode me dar um "branco". O que não pode é esse nervosismo sair do controle. A solução é uma ótima preparação, para garantir a sensação de segurança, especialmente no início, porque é o momento de maior insegurança. Outras sugestões: mostrar logo de cara qual é o benefício que o outro terá. Também vale envolver o outro com aquilo que vamos dizer. Um recurso interessante é lançar perguntas. Mesmo que sejam perguntas para as quais não vamos esperar resposta. Elas são uma forma de estimularmos o outro a participar. Por exemplo: "Você já viveu situações de comunicação que geraram mal-entendidos?" É uma pergunta que podemos lançar, com a qual as pessoas se identificam, começam a pensar a respeito e se conectam conosco.

Outra forma interessante é contar histórias que têm potencial de fazer as pessoas se identificarem. Histórias têm um potencial imenso de ficarem guardadas na memória. Faz muito tempo que escutamos a história de Chapeuzinho Vermelho, mas nos lembramos dela até hoje. Vale também apontar alguma situação desafiadora com uma proposta de solução. Por exemplo, estamos falando da questão da comunicação e antes eu lancei a pergunta: "Você já vivenciou situações que geraram mal-entendidos?" As pessoas se identificam: "Já. Isso é comum". Então agora vamos explicar melhor e propor soluções. Trata-se de um roteiro que constrói na cabeça do nosso interlocutor uma história com começo, meio e fim. Isso o ajuda a ficar atento e interessado.

C – E se não começou bem, como arrumar isso? Às vezes a pessoa não começou bem e, em algum momento, fala: "Me desculpem, estou nervosa". Isso ajuda ou não?

L – Não ajuda. Por quê? Percepção é algo muito subjetivo. Ela fala que está nervosa, mas pode ser até que eu nem tivesse percebido. Então, para que trazer um ponto negativo? Por exemplo: eu comecei a falar, não estava me sentindo tão bem preparada, olho para a plateia e percebo que perdi o link com ela. As pessoas estão lá conversando, com aquele buchicho. Aí é interessante trazer algo de impacto, de repente, interromper a forma como estou conduzindo e dizer: "Pessoal, agora quero compartilhar com vocês uma experiência. Foi algo que aconteceu comigo ontem…". Expor algum dado, alguma história que tire as pessoas da previsibilidade é uma forma de deixá-las mais atentas. Quando estamos acostumados a falar sobre determinado tema, é importante colecionarmos histórias para ilustrar situações interessantes que gerem ganchos para falarmos daquilo que nos interessa. Aí conseguimos reverter.

SÍNDROME DO IMPOSTOR

Cássia – Tem gente que se questiona se realmente merece o cargo que tem?

Leny – Muita gente lida com esse tipo de situação, e o que me chama mais a atenção é a pergunta se ela merece. Soa como se a pessoa se considerasse menos importante, com menos valor. Há muito tempo, em contato com executivas de grandes empresas e até com jornalistas, percebi esse tipo de sentimento. Eu mesma batizei esses casos de "síndrome do impostor". E caí das nuvens quando, um belo dia, vi que essa síndrome existe efetivamente e está superdescrita na literatura. Esse tema começou a ser explorado em 1978 por pesquisadores da Universidade Estadual da Geórgia, nos EUA. É uma questão que tem a ver com homens e mulheres, só que numa proporção muito mais alta com mulheres. Uma pesquisa americana mostrou que ela ocorre em 70% para mulheres e 30% para homens. São pessoas que se desenvolveram profissionalmente, atingiram cargos e posições relevantes, mas questionam o seu valor. Se sentem meio que uma fraude, expostas a situações em que alguém será capaz de identificar que elas não são aquilo tudo.

A síndrome envolve uma grande ansiedade, uma sensação de perfeccionismo, e tem a ver com uma autocrítica muito forte. É como se elas acreditassem que o sucesso que alcançaram foi fruto de sorte ou do acaso e, portanto, podem ser desmascaradas a qualquer momento. E acontecem problemas importantes quando essas pessoas começam a se autossabotar. Elas contestam esse mérito, começam a fazer menos e a querer aparecer menos. É bem complicado.

C – Por que será que isso atinge mais mulheres? Pode ter alguma relação com o fato de as mulheres, muitas vezes, terem a famosa jornada múltipla?

L – É a maneira como eu penso também, Cássia. Existe um nível de exigência muito grande em relação às mulheres. Primeiro, elas se sentem muito divididas para tentarem dar conta de tantas responsabilidades. Segundo, o meio profissional, em alguns lugares, ainda vê as mulheres como se elas tivessem uma entrega menor, por conta de terem tantas outras tarefas para darem conta. A percepção que eu tenho é de que é algo cultural. Desde criança, identificamos como é desafiador conciliar os diferentes papéis. Só que hoje são inúmeros exemplos de mulheres que fazem a diferença, que conseguem se colocar de forma efetiva. Então, temos que começar a realmente contestar essas crenças limitantes, que atrapalham nosso sucesso, nosso progresso, em qualquer situação. Existe um TED sobre a síndrome do impostor, de uma pesquisadora da Columbia University, Casey Brown. Ela diz que ninguém vai pagar o que nós valemos. As pessoas vão nos pagar aquilo que elas *pensam* que nós valemos. No caso, estamos falando de mulheres, mas isso vale para todos.

O profissional precisa ser capaz de deixar claro, por meio de uma comunicação efetiva, o valor que tem. Existem algumas sugestões para isso. Primeiro, ela diz que devemos fazer algumas perguntas para ter a noção clara do nosso valor. A primeira é: "Quais necessidades das pessoas, dos clientes, eu consigo satisfazer?" Seria assim: "Qual é o meu valor único?" Aquilo que eu tenho condição de entregar. Segunda: "Que conjunto de habilidades me torna melhor do que outros profissionais para essa entrega?" A essa pergunta se atrela outra: "O que eu faço para as pessoas que ninguém mais faz?" É o que os pesquisadores chamam de "princípio da escassez". Por exemplo, você, como jornalista, tem uma habilidade grande nas suas interações, consegue estabelecer vínculos com seus entrevistados de maneira muito particular.

Essa é uma característica sua e tem a ver com esse valor, que vem da escassez. Porque existem muitos jornalistas por aí, mas, de repente, você faz a diferença, por meio dessa sua forma de interagir com o outro. Outra condição: "Quais os problemas que as pessoas têm que eu posso solucionar?" E, para finalizar: "Quais são os valores que eu acrescento para o outro?" Se fizermos essa reflexão, conseguimos encontrar aquilo que nos diferencia. A sugestão é nos concentrarmos em servir, buscando agregar valor. Isso funciona até como antídoto para, eventualmente, uma impressão como: "Ah, ela está falando para se promover", o que obviamente é muito longe disso. Aliás, as mulheres têm muito essa preocupação.

C – Essa vergonha de mostrar o que têm de positivo e o que sabem fazer.

L – Os homens, em geral, fazem isso de maneira muito mais fácil. As mulheres ficam muito com um discurso: "Ah, não. Deixa que meu trabalho fala por si", "Não quero me gabar". O modo para lidarmos melhor com isso é nos concentrarmos realmente em servir, em agregar valor ao outro. Dessa forma, conseguimos exercitar essa liderança por meio de uma comunicação clara.

ESTAR OCUPADO É SER BOM PROFISSIONAL?

Cássia – Quem está sempre ocupado tem tempo de ser um bom profissional?

Leny – Pior que não. Há meio que um endeusamento dessa história de: "Ó, estou ocupada, não tenho tempo, tenho tanta coisa para fazer, estou sempre correndo". É algo que parece que fica impregnado no ambiente, e as pessoas começam a viver nesse senso de agitação, que, por sinal, é péssimo. Não pode acontecer.

Sardenberg – Por que não pode? O cara está ocupado, está trabalhando, não está?

L – Mais ou menos. Essa história de que as pessoas muito atarefadas produzem mais é um mito. Existe até um termo agora que os americanos propõem para esse tipo de pessoa: *busyness*. Seria o primo ocupado do *business*, que significa "negócio". Essa ocupação em excesso, logo de cara, traz uma conotação de dificuldade na gestão do tempo. Um artigo que o Marc Tawil, nosso colega da Rádio Globo, escreveu para a *Época Negócios*, aconselha: "Troque o modo ocupado por produtivo e dê resultados, em vez de desculpas".

S – A oposição ocupado *versus* produtivo é boa.

L – Exatamente. O que acontece com um cara ocupado? Primeiro, uma falta de planejamento, porque temos nossas necessidades de entrega, e é fundamental priorizarmos o que tem mais importância. Segundo, é um cara que normalmente está muito disponível para tudo. Então, existe uma dispersão de energia. Porque ele está tocando um trabalho, entra um e-mail, ele para tudo, vê que tem outro e começa a dispersar a atenção, acreditando que pode ser multitarefa. A neurociência mostra que não somos multitarefa. Conseguimos alternar a nossa atenção em relação às atividades. Quando existe alternância, há uma queda no rendimento e na qualidade da entrega. Por exemplo, estamos assistindo a uma palestra e nosso celular vibra no bolso. Naquele momento em que pegamos o celular para olhar se a mensagem é importante, até continuamos ouvindo o palestrante, mas não estamos processando a informação. Ao retomarmos nossa atenção à palestra, pode ser que tenhamos perdido algo interessante.

S – Então, você não faz duas tarefas ao mesmo tempo? Você faz uma, depois, a outra?

> **L** – Você não faz bem duas tarefas ao mesmo tempo, porque perde eficiência e qualidade. Outra característica desse cara superocupado é que ele deixa de lado ações importantes para o bem-estar. Ele diz coisas como: "Ah, não tenho tempo para me alimentar direito", "Durmo pouco", "Não consigo fazer atividade física", "Não posso oferecer o meu tempo para a minha família, para os meus amigos". Ou seja, ele cria aquela impressão do cara que faz 10 mil coisas e, em termos de entrega efetiva, não acontece nada.

C – Houve um tempo em que isso era considerado bonito. Já não é mais assim.

> **L** – Isso se modificou bastante. Antes, parecia que a nossa relevância era medida pelo tanto de tarefas que tínhamos para cumprir. Hoje, a pessoa relevante é a que sabe dosar o seu tempo de acordo com as necessidades. É a pessoa que cultiva uma relação de bem-estar consigo própria e com as pessoas que a rodeiam, e que consegue fazer boas entregas. Algumas sugestões para virar a chave. Primeiro, saber quais são os nossos objetivos, elencar nossas prioridades e colocá-las numa sequência planejada. A questão das redes sociais, dos e-mails, do WhatsApp, precisa ser muito bem gerenciada. É interessante ter alguns momentos específicos do dia para olhar a caixa de entrada, as mensagens. É fundamental valorizar os períodos com a família e cuidar do bem-estar e da saúde.

Mundos e mídias

APRENDER O QUE SE LÊ

Cássia – Como fazer para realmente aprender, processar o que se lê?

> **Leny** – Isso está presente na vida de todos. A pandemia trouxe a questão do uso mais constante das telas, que solicitam muito da nossa energia cerebral. Isso gera cansaço. Nossa capacidade de concentração e de memorização está bastante alterada. É preciso diferenciar memória de aprendizado. A memória exige que estejamos descansadas, bem alimentadas, de bem com a vida. A memória de curto prazo é acionada quando decoramos o número de telefone e ligamos em seguida para a pessoa. Ou uma senha para usar um aplicativo. Mas existem a memória de longo prazo e o conceito da aprendizagem. O que temos de buscar bravamente é aprender. Porque, quando decoramos, algo vai ficar por um tempo na cabeça, mas logo perderá a função, e a tendência é de que saia mesmo da nossa memória. A neurolinguística nos ensina que as pessoas aprendem de formas diferentes. Algumas são mais visuais, aprendem olhando. Vão aprender uma nova

língua e precisam ver escrito. Há pessoas que são mais auditivas, se beneficiam de escutar o que precisam aprender. Gostam de estudar em voz alta. E têm as pessoas mais sinestésicas, que precisam de algo mais concreto, associar a alguma situação, algum movimento, para assimilar.

Então, há algumas dicas. O primeiro ponto é cultivarmos a curiosidade, o desejo de saber mais. O prazer de aprender permite manter as antenas ligadas e captar coisas ao nosso redor que, teoricamente, não são aprendizado formal. Uma conversa que você escuta, um filme em cartaz. Segundo, entender de que formas aprendemos melhor. Será que sou mais visual? Mais auditiva? E a forma como nos expomos a essa aprendizagem tem de estar de acordo com isso. Um conceito clássico é o da pirâmide da aprendizagem, do psiquiatra norte-americano William Glasser. Ele dividia a nossa aprendizagem numa parte mais passiva e numa mais ativa. Assimilamos 10% por meio da leitura, 20% por meio da escuta. Se observamos alguma situação, 30%. Se estamos vendo e ouvindo, acionando duas áreas diferentes do cérebro, aumentamos para 50%. A partir desse ponto, entramos na aprendizagem ativa. Ao discutirmos sobre aquilo que estamos aprendendo com alguém, aumenta para 70%. Quando praticamos aquilo que estamos aprendendo, sobe para 80%. E chega a 95% quando ensinamos aos outros. Ensinar, além de fazer bem ao outro, faz bem a nós mesmos.

Marcella – E ensinar não é só aquela coisa do tom professoral, há outros modos de passar o conhecimento, seja numa conversa, numa redação, em casa, não é?

L – Sim. Fui docente e, cada vez que dava aula, aprendia muito também. Eu tinha de estudar e ensinar. Mas ensinar também é conversar no café aqui, bater o nosso papo prévio e até simular falar algo a alguém. E fazer anotações, registrar, grifar. Quando leio, vou grifando tudo que me interessa. Quando termino de ler o livro, faço um resumo dos pontos que grifei e consigo cristalizar mais na cabeça. É fundamental que façamos links daquilo que aprendemos com outras situações. Por exemplo, a leitura de um livro que traz um conceito sobre determinado tema. Numa conversa, alguém toca no assunto e você faz um comentário, troca uma ideia, procura entender a relação. Os TEDs, esses vídeos curtos na internet, são interessantes para fazermos esse tipo de link, porque falam de temas muito variados, por pessoas de diferentes formações. Quando ouvimos e fazemos as conexões, aquilo cresce na nossa mente e oferece uma aplicação prática para aquilo que identificamos. Aí é o melhor dos mundos.

INFLUENCIADORES DIGITAIS

Sardenberg – Como se tornar um influenciador digital?

Leny – Este é um sonho de muitos: segundo uma pesquisa da *startup* Inflr, 75% dos jovens brasileiros querem ser influenciadores digitais, e 64% deles pela motivação financeira. É curioso porque, lá atrás, grandes personalidades, pessoas de destaque em suas áreas de atuação influenciavam muita gente. Artistas, cientistas, políticos. Hoje a busca é pela influência nos meios digitais. E esses caras seduzem multidões. O Brasil é o país dos influenciadores, segundo um estudo da Nielsen. Cerca de 500 mil brasileiros têm pelo menos 10 mil seguidores. Esse número supera o de engenheiros civis e iguala-se ao número de médicos no país. Agora, há uma questão que é a superficialidade dos temas que são debatidos. Porque hoje qualquer pessoa se acha no direito e com conhecimento de influenciar os outros. Alguns fazem isso com muita maestria, conquistam patrocínios milionários e estão aí fazendo escola. Quase não tem fiscalização em relação a isso e inclusive a gente vê informações errôneas. Mas é importante separar o joio do trigo. Qual é a diferença?

Hoje qualquer pessoa pode influenciar um bando de gente. Se ela fizer um conteúdo atrativo, usar algum recurso que chame a atenção, ela vai influenciar. O que diferencia, por exemplo, vocês, do jornalismo, é que existe toda uma seriedade, um cuidado para que aquilo que for divulgado seja correto, checado, confirmado, que tem uma fonte verossímil. Vocês são pessoas que influenciam baseadas na verdade, numa estrutura que passa informação do jeito que ela é, e isso é essencial. Eu separei uma frase do escritor Umberto Eco: "As mídias sociais deram direito à fala a legiões de imbecis que antes só falavam no bar, depois de uma taça de vinho, sem causar danos à coletividade. O drama da internet é que ela promoveu o idiota da aldeia a portador da verdade". Isso é forte, é uma coisa muito dura que estamos vivendo hoje em dia.

S – Tem até influenciador postando instruções sobre como fazer *fake news*.

L – Estamos vivendo tempos difíceis em relação a isso. Temos de tomar muito cuidado, porque o poder de influência é grande e, quando se baseia numa mentira, os efeitos são desastrosos. Então, muita atenção com os falsos profetas.

Cássia – De tempos em tempos, dou uma olhada em quem estou seguindo. E percebo: "Essa pessoa não me acrescenta nada, não tem nada a ver comigo, não é uma referência positiva", e dou aquela limpada. E deixo quem tem algo a dizer. Por exemplo, adoro seguir a Renata Lo Prete. Ela é uma influenciadora? É, embora o objetivo dela não seja esse. Então, um dos caminhos para se tornar um influenciador é ser muito bom no que faz.

L – Exatamente. Então, para se tornar um influenciador, primeiro tem de buscar disseminar conteúdo relevante. Pensar: "No que eu me diferencio?", "No que eu sou boa?" É isso que tem de pautar os assuntos que vou escolher. Eu falo sobre comunicação e sobre liderança. Se eu me aventurar a falar sobre economia, sobre política, vou me dar mal, porque não tenho esse embasamento. Então, preciso reconhecer qual é o conteúdo que me diferencia. Segundo, entender que, quando se divulgam dados, eles têm de ser precisos e embasados, de fontes fidedignas. Terceiro, buscar uma comunicação simples, que consiga impactar as pessoas com clareza. Buscar palavras que sejam de uso habitual, frases mais curtas, de preferência afirmativas, porque o cérebro assimila melhor. Também manter a coerência entre o que dizemos e fazemos. Já vimos influenciadores que apregoavam vida saudável, natureba, e o cara era flagrado comendo churrasco. Falava mal do consumo de carne e era fotografado num evento na churrascaria. Quando existe essa incoerência, as redes sociais não perdoam. A pessoa fica cancelada mesmo.

Temos que priorizar, especialmente, a busca pela autenticidade. Numa rede social, como existe a questão de se colocar de maneira mais próxima da realidade, qualquer coisa que brigue com o que eu sou, com a minha autenticidade, vai soar artificial. Este é um grande princípio da boa comunicação: ninguém confia em quem parece artificial. A busca pela naturalidade, por estar confortável no próprio papel, é fundamental. Uma pesquisa da We Are Social traz que o Brasil é o segundo país que mais segue influenciadores: 44,3% de seguidores de influenciadores digitais. Perdemos apenas para as Filipinas, que têm 51,4%. Os pesquisadores apontam que isso é maior quanto mais o país tem pessoas com nível educacional inferior, com poucas opções de lazer. São pessoas que, infelizmente, vão em busca de informações para entretenimento, para conhecimento e acabam se "alimentando" de coisas que não vão acrescentar. Então, olho vivo para quem está sendo influenciado. E, para quem quer ser influenciador, é preciso buscar o cuidado, a ética acima de tudo e a comunicação que atinja facilmente.

DOOMSCROLLING

Cássia – Sabe quando você está com o celular na mão e começa a rolar a tela, lê uma notícia, rola um pouquinho mais, lê outra notícia, vai rolando? Você quer ficar por dentro de tudo, saber o que está acontecendo, o que as pessoas estão discutindo e, às vezes, são notícias ruins e, mesmo assim, não consegue parar, não é?

Leny – É isso mesmo. O termo para isso é *doomscrolling*, uma compulsão por ler más notícias nas redes sociais ou sites. É ficar buscando de forma obsessiva as atualizações, como se cada coisa que fosse entrar não pudesse fugir da nossa atenção. Foi considerada a palavra do ano de 2020 e foi proposta pelo jornalista Kevin Roose. A linguagem é um reflexo vivo da nossa sociedade. Essas novas palavras, que chamamos de neologismos, vão sendo criadas à medida que os comportamentos se modificam ou surgem. O *doomscrolling* é uma compulsão que traz algumas consequências. Quando você passa a buscar ou a se deter mais em notícias ruins, a própria plataforma acaba colocando isso no seu algoritmo, e vão aparecer com cada vez mais frequência, porque ela vai identificar como um conteúdo que você gosta de consumir.

C – Você educa ou deseduca o seu algoritmo.

L – É como se o algoritmo cada vez mais reforçasse essa compulsão. E isso provoca estragos tanto na nossa saúde física como mental. Uma matéria na revista *Veja*, de André Sollitto, trouxe uma pesquisa da Universidade do Texas, em que 16,5% dos americanos têm essa compulsão de procurar e se deter nas más notícias. E 27% têm uma dependência moderada. Não encontrei dados referentes ao Brasil. Mas como sabemos que o brasileiro tem o forte hábito de estar em contato com as redes sociais, dá para imaginar que esses números devem ser ainda maiores por aqui. Quando sinto que fiquei um tempo sem olhar e talvez esteja desatualizada, eu me mantenho em estado de alerta. É como se eu estivesse sob uma ameaça, o que produz um desgaste muito grande no corpo, no cérebro, tanto que 74% dos viciados sofrem de ansiedade, estresse e tristeza, 61% adquirem problemas físicos, com quadros relacionados a fadiga, dores no corpo, desconforto generalizado e problemas gastrointestinais. A pandemia foi um estímulo para que isso acontecesse, porque todos nós ficamos num estado de alerta, porque não conhecíamos o que estava acontecendo. A maioria das pessoas não tinha vivido nada parecido, e queríamos nos informar.

C – Como mudar esse cenário?

L – O blog Alt Lab traz algumas dicas. Primeiro, estabelecer limites. Criar uma separação física do celular. Eleger alguns períodos do dia para deixar o celular distante, por exemplo, ao sair para uma caminhada. A segunda dica é desativar as notificações. Cada hora que entra alguma coisa, o celular sinaliza e o cérebro quer tirar aquilo da frente. É como se houvesse alguma coisa por fazer. Em vez disso, limitar o tempo de olhar as novas postagens nas redes, por exemplo, em dez minutos, três vezes ao dia. Outra sugestão é compensar isso com a positividade. Procurar perfis mais leves, mais alto astral e favoritar. A gente mexe no algoritmo e começa a ter acesso a coisas boas. Buscar mais contato físico com as pessoas. Trocar a atualização por um bate-papo, por um café com alguém. Caprichar no sono. E a proposta dos especialistas é desligar o celular uma hora antes de dormir, evitar carregar do lado da cama, porque a tentação fica grande. Agora, a gente não pode ficar alienado, que é o outro extremo. A sugestão dos especialistas é buscar informação em fontes seguras, que vão apresentar o fato sem aquele apelo observado em certos sites ou publicações. Ou seja, dar atenção ao jornalismo sério.

PLÁGIO REAL E VIRTUAL

Sardenberg – Tem gente que acha que, só porque está na rede, um conteúdo pode ser totalmente copiado. Pode?

Leny – Não pode. Inclusive é crime descrito no artigo 184 do Código Penal. Isso é uma violação aos direitos autorais. O nome disso é plágio.

Cássia – É bem diferente de você citar uma pessoa, dar informação com o crédito, inclusive promovendo o trabalho e a pesquisa da pessoa.

L – Isso mesmo. A gente chama de plágio, especialmente nas redes sociais, quando alguém reproduz o todo ou uma parte da proposta ou do trabalho intelectual de autoria de terceiros, fazendo com que as pessoas acreditem que aquilo é de autoria dele próprio, como se fosse produção dele. Alguns chamam isso de pirataria digital e é muito frequente. Muitas pessoas não têm nem a noção de que estão cometendo um crime. Afora todo esse aspecto legal, tem uma conduta do profissional, que é muito desagradável. Quando eu fiz pós-graduação, era comum ver alunos que ficavam meio perdidos e iam buscar coisas que pesquisadores haviam feito a respeito daquilo e, às vezes, citavam os trabalhos sem fazer referência ao autor. O trabalho científico se utiliza de pesquisas anteriores até para embasar as suas propostas, mas é claro que isso tem de estar acompanhado da citação da fonte, da pessoa que produziu aquilo.

S – Citar é uma coisa. Copiar e colar é outra.

L – Exatamente. Você dar o crédito é uma forma de prestigiar o trabalho, os estudos, a pesquisa, as colocações de outras pessoas. Isso é absolutamente legítimo, inclusive no mundo científico, onde existe uma pontuação até para profissionais que são mais citados em outras pesquisas.

S – Existem dois critérios para medir a qualidade acadêmica de uma pessoa. Um é o número de trabalhos publicados em revistas científicas, que são listadas. E o outro é a quantidade de vezes em que é citada em outros trabalhos. Agora, tem uma marotagem que é o sujeito citar "como diz fulano de tal" e reproduz o parágrafo inteiro; "segue fulano de tal", outro parágrafo inteiro.

L – Às vezes a pessoa utiliza esse recurso de forma exagerada. Até cita, menos mal. Agora, a gente espera que os trabalhos sejam autorais. E que as pessoas se utilizem de recursos, dados e informações até de outros pesquisadores, quando falamos da área científica, mas é fundamental que haja o raciocínio, a reflexão daquele que está escrevendo. Senão, posso ler o original, se está só citando. Em redes sociais é um perigo, porque, se postou, parece que é de todo mundo. E não é. Uma pesquisa da Unicamp, em 2018, observou que 87% dos alunos não tinham a mínima noção do que era plágio. E 36% desses alunos admitiram que já copiaram algum trecho, algum conteúdo para os seus trabalhos sem citar a fonte original. O estrategista de marca pessoal, Ricardo Dalbosco, nos ensina que existem três formas de plágio. Primeiro, o plágio integral, quando a pessoa copia o trabalho todo, não cita a fonte e coloca como se fosse dela. O parcial, quando cola alguns trechos de um ou mais autores sem citá-los. E o plágio conceitual, que vai se utilizar da essência da obra do autor, colocada de uma forma diferente da original, embalada de outra maneira.

C – Essa história de embalar de outra maneira deu origem a um caso que se tornou muito conhecido aqui no Brasil de plágio em rede social. Tem uma pesquisadora muito séria, Valeska Zanello, que escreveu livros, artigos científicos sobre questões de gênero e é ativa nas redes sociais. Um estudante de Psicologia, que também se apresentava como palestrante, começou a gravar uns vídeos falando sobre questões de gênero. Como era carismático, articulado, falava bem, se tornou conhecido e foi sendo chamado para dar entrevistas sobre esse assunto. Algumas pessoas começaram a notar. "Já li esse conceito, essa ideia em algum lugar." E alertaram a Valeska Zanello que havia esse rapaz se apropriando das ideias dela. As pessoas que tentavam avisá-lo eram bloqueadas. A própria Valeska foi tentar falar com ele e foi bloqueada. Ela veio a público e falou: "Olha, as minhas ideias estão sendo exploradas por outra pessoa na rede social, que grava um vídeo fazendo menção aos meus conteúdos sem dizer que são meus, como se fossem ideias dele". Isso virou um caso grande. Esse rapaz fez um vídeo se retratando, admitindo que realmente estava se apropriando das ideias da pesquisadora e, claro, as redes sociais dele encolheram consideravelmente.

Então, alerta importante para quem se apropria de ideias dos outros nas redes sociais: do mesmo jeito que você pode estar se tornando conhecido por isso, você também está sendo mais visto e pode ter alguém que teve acesso ao conteúdo original que não é seu. Então, fica esperto com isso daí, porque é ilegal, é feio e é fácil de ser flagrado.

L – Pois é. O caráter, a maneira como nos comportamos, especialmente em redes sociais, é muito determinante para a impressão que geramos nas pessoas. O Ricardo Dalbosco sugere algumas formas de lidar com isso. Primeiro, ele fala: "Você percebeu isso? Não faça nada, nem perca seu tempo, porque em muitos casos, isso ocorre mesmo e às vezes você vai ter um superdesgaste". Agora, se a coisa é recorrente, envie uma mensagem *inbox* para a pessoa que fez o plágio. Particular. A vantagem é que você está expondo a situação diretamente para a pessoa. Se numa situação como essa, o outro desiste e fala: "Puxa, me desculpe, tem razão" e se retrata, publica dando a fonte, OK. Pode ser que isso não aconteça. Terceira sugestão do Ricardo: comente no próprio *post* da pessoa, dizendo que o texto é seu. Aí o vexame é um pouco maior, porque os seguidores da pessoa vão perceber. Uma quarta possibilidade é denunciar o plágio na própria rede social. Por exemplo, se a pessoa me copiou no LinkedIn, eu faço uma denúncia no próprio LinkedIn dizendo que fulano de tal está me plagiando. É algo a que normalmente as redes sociais dão respostas. A quinta é registrar o que eles chamam de ata notarial. É um documento feito em cartório. Lá você vai registrar e comprovar que aquilo é seu. A última possibilidade é abrir um processo judicial. A saída desse caso que você comentou, Cássia, foi interessante, porque é algo que foi denunciado, repercutido indevidamente em redes sociais. Então, a Valeska se colocou na mídia para fazer com que as pessoas soubessem disso, até porque ela tinha tentado vários recursos antes e não foi atendida.

C – Exatamente. Seguidores dela já tinham tentado fazer esse alerta.

L – E pega muito mal. É importante a gente se inspirar, se basear. Se eu quero ter um destaque de alguma forma, se quero mostrar meu trabalho, chamar a atenção, que eu busque inicialmente fazer um bom trabalho, ter algo bom para compartilhar. Agora, tem diferença entre o crime de plágio e a imitação, que é você falar do mesmo assunto que o outro falou, só que de uma forma diferente. O que pode acontecer aqui? O próprio mercado repudia. As pessoas vão ler e pensar: "Ah, o que é isso? Está falando mais do mesmo". E tem a questão da inspiração. "Sou uma jornalista, eu admiro a Cássia, a sigo nas redes e me inspiro nela para produzir conteúdos." Maravilha, mas, nesse caso, é uma atitude nobre citar a fonte, até porque, quando você está inspirado por alguém que admira, é uma maneira de homenagear a pessoa. É uma característica de sofisticação, de sabedoria da parte de quem faz. Quando as pessoas repostam ou compartilham dando a fonte, OK. O crédito à fonte mostra que você leu um conteúdo que te impactou positivamente e resolveu compartilhar com a sua rede.

S – Muita gente reproduz o artigo inteiro.

L – Por exemplo, quando você publica alguma coisa no jornal, as pessoas pensam: "Que interessante, essas ideias me representam, eu concordo com o Sardenberg". Aí a pessoa recomenda a leitura, faz um comentário sobre o seu texto e posta. Aí é legítimo.

COMUNICAÇÃO EM VÍDEO

Leny – Estamos nos comunicando muito por vídeo. Esse é um primeiro ponto. É entrevista de emprego, é publicação em *stories*, temos usado muito as câmeras para nos comunicar. Há algumas situações de TV, como uma postura de mão, que parecem demasiadamente ensaiadas. E o segundo ponto é sobre o vocabulário usado nesses meios de comunicação. Em qualquer tipo de comunicação, precisamos parecer naturais. E eu digo "parecer" porque é claro que não é natural falarmos com uma câmera na nossa frente, sem olharmos para o nosso interlocutor, às vezes, com uma baita luz nos olhos. São situações de comunicação construídas, e temos o desafio de parecer naturais. A fala natural se caracteriza por se modificar de acordo com o conteúdo, por isso, é sempre surpreendente. Quando há qualquer característica que permita uma previsibilidade, essa fala é percebida como artificial.

Por exemplo, se estamos falando na televisão ou para a câmera de vídeo e, a cada movimento, trazemos a mão para o meio, na terceira vez, quem está assistindo já começa a perceber e fica esperando esse tipo de comportamento. E vai acabar se distraindo do conteúdo. O que é preciso para ter essa variabilidade, que é tão natural, essa capacidade de modificar a minha maneira de falar de acordo com o conteúdo? Primeiro, ter um grau muito alto de envolvimento com o que estamos dizendo. Parece óbvio. Só que é desafiador. Na televisão, no rádio ou na internet gravando vídeo, é comum que nos ocupemos de uma série de detalhes. Eu convivo com vocês na rádio e sei que estão de olho no relógio, no computador, porque entra alguma informação, alguém chama do lado, acontece um fato novo. Então, esse envolvimento precisa ser voluntariamente buscado. Na gravação, às vezes a pessoa fica tímida, desconfortável, incomodada, e é comum que ela busque memorizar, decorar o que vai falar, o que só gera essa impressão de mais artificialidade.

Buscar esse envolvimento, estar presente em relação àquilo que você está dizendo é essencial. A segunda condição é ter um corpo flexível, que permita se modificar a partir desse grau de envolvimento. Vale a pena dar uma alongada nas costas, rodar o ombro, movimentar a cabeça, a boca, fazendo movimentos amplos para que a musculatura colabore com a gente. Cássia, Leandro, há transmissão pelo Facebook, pelo Globoplay e a imagem de vocês aparece. Vocês têm algum cuidado em relação a isso?

Cássia – Essa questão do envolvimento é muito importante, porque temos muitos apelos visuais e auditivos durante uma transmissão. E alguns deles não podem ser ignorados porque dizem respeito ao trabalho em si. Então, prestar atenção no que o outro está falando é essencial, apesar dos estímulos no estúdio, que muitas vezes distraem. Uma coisa que me ajuda e que talvez possa ajudar quem vai fazer um vídeo ou uma transmissão é ter uma caneta e um papelzinho para anotar o que achou importante. Às vezes, até para se lembrar de nomes, quando você está conversando com muita gente, entra um repórter, outro repórter, tem um entrevistado. Às vezes, é bom ter esse lembrete, e não é nenhum demérito. Até para evitar ficar decorando tudo e ter essa postura artificial que você citou.

Leandro – Essa questão da naturalidade serve não só para situações de improviso, mas até para quando você está escrevendo um texto para depois narrar ou gravar. Foi a minha primeira orientação quando comecei a trabalhar em rádio: "Escreve do jeito mais natural possível. Como se estivesse narrando uma história". Para não parecer aquela gravação de secretária eletrônica, muito artificial.

L – Vocês estão me dando dois ganchos. Primeiro, a importância da preparação. Vamos supor que a pessoa tem que gravar um vídeo para uma proposta de emprego ou um *story* no Instagram dela. É fundamental saber qual é a mensagem que pretende passar e, quanto mais for capaz de eleger os pontos principais, saber a sequência para falar sobre determinado tema, melhor. Anotar, ter um material de apoio interessante, para eventualmente bater o olho na hora H e ter mais tranquilidade para essa sequência.

O segundo gancho tem a ver com essa questão da simplicidade. Por ser uma situação construída, às vezes exageramos nos termos que não são comuns, fazemos frases mais longas, que é uma forma mais artificial de comunicação e não aquela que usamos no dia a dia. Então, a busca por sermos simples, diretos, objetivos é essencial. Como não estamos vendo nosso interlocutor, não temos o retorno da compreensão ou não dele. Numa relação presencial, se a pessoa não entende bem, ela faz uma cara de interrogação e temos a oportunidade de corrigir, de ajustar. Nossos ouvintes não podem falar: "Não entendi bem". Então, a busca por essa clareza é essencial. Do ponto de vista não verbal, da nossa imagem, é importante manter uma postura correta, com a coluna reta, os ombros relaxados, o tronco voltado para câmera. E olhar o tempo todo para a câmera, que é o olho do meu interlocutor. É muito chato quando estamos falando e a pessoa fica olhando para cima, para baixo, para um lado e para o outro. São cuidados não verbais que mostram nossa vontade de nos conectar com o outro.

Finalmente, do ponto de vista vocal, temos que falar de maneira clara. Há ouvintes que estão ao lado do rádio ouvindo atentamente. Outros estão dirigindo, outros, almoçando. Então, há muitos estímulos no ambiente, e a neurociência nos ensina que, quando lidamos com muitos estímulos, o que ganha a concorrência é o que chega mais facilmente ao cérebro do nosso interlocutor. Então, temos que buscar um tom de voz claro, ajustes amplos de articulação, movimentando melhor a boca, enfatizando os trechos mais relevantes. Quando se trata de algo bem específico, como a gravação de um vídeo para uma entrevista de emprego, é muito importante ter a noção clara dos nossos objetivos e de quem é o público. "O que eu posso acrescentar para essas pessoas?" "Que tipo de recurso vou usar para chamar a atenção do outro?"

C – Se a pessoa tem uma ideia clara do que pretende comunicar e para quem, evita, por exemplo, aquela hesitação do "eeeee…", "ãhnnnn…". Dá uma impressão ruim. Às vezes, a pessoa tem muito conteúdo, mas, por não estar segura, aquele vídeo pode até passar uma impressão errada.

Leandro – Ou gente que usa muito a mesma palavra, como muleta, como "tipo".

L – "Tipo", "né?", "tá?". Quando vira toda hora, se torna previsível demais. Lembra aquele professor que repetia muito alguma expressão e a gente ficava marcando o número de vezes? Acabava distraindo do conteúdo. O planejamento é essencial, e na hora H, é muito importante cuidar também do nosso estado interno. O planejamento nos permite desenvolver e transmitir essa confiança. No todo, considero imbatível a junção de um discurso assertivo e empático. Costumo chamar isso de comunicação efetiva e afetiva. É efetiva na medida em que buscamos traduzir claramente as nossas mensagens. E afetiva na medida em que conseguimos, por meio do brilho no olho, do tom amistoso, mostrar a nossa vontade de gerar entendimento.

COMO DIFERENCIAR FATOS DE OPINIÕES

Sardenberg – Professores têm relatado dificuldade dos jovens de interpretar textos e separar o que é fato e o que é opinião. Como esclarecê-los?

Leny – Existe uma diferença muito grande entre fato e opinião. O fato é um acontecimento, uma ocorrência. A opinião é ponto de vista de alguém a respeito desse fato. A gente vive um momento delicado em relação a isso, porque as pessoas passaram a migrar de uma situação em que elas se informavam por meio de um jornal, de uma revista, para se informar por meio do WhatsApp. É um risco muito grande. Há pessoas que postam coisas, que escrevem sobre determinados temas e não são preparadas, não têm a mesma idoneidade do que a gente vê na mídia mais tradicional. Então, é assustador ver como as pessoas confundem e têm essa dificuldade de perceber. Como a educação é, muitas vezes, de baixa qualidade, as pessoas têm dificuldade nessa interpretação mesmo. Um estudo da Organização para Cooperação e Desenvolvimento Econômico feito em 80 países, com estudantes na faixa dos 15 anos de idade, mostra que, no Brasil, 67% dos jovens não sabem diferenciar o que é um fato e o que é uma opinião. Essa média brasileira foi bem acima da média geral dos outros 79 países, que ficou em torno de 53%.

S – Mesmo assim, é alta.

L – É alta. E a gente, infelizmente, conseguiu superar. Existe hoje uma disseminação muito grande de informações, de vários níveis, em várias plataformas. Com o aumento dessa disseminação, a gente precisa ter um rigor muito maior, tanto para analisar o que está lendo ou escutando como para refletir e separar o que é bom do que é ruim. Agora, o jovem normalmente tem menos experiência, menos maturidade, e vai ter uma dificuldade maior em relação a isso. Tem até o termo "infodemia", que é um grande fluxo de informações disseminadas na internet sobre determinado tema. Todos nós vivenciamos isso com a pandemia, porque veio uma avalanche de informações. Havia quem se autointitulasse como especialista e dava informações erradas. Também havia muita publicação de *fake news*. Qual a consequência? Perda na análise, na reflexão sobre o que é correto e o que não é, o que é verdadeiro e o que não é. Daí a importância da mídia especializada e do papel do jornalista. O jornalista olha os diferentes pontos de vista, os fatos de maneira ampla, vai observar e refletir sobre aquilo, ouvir especialistas sobre aquele tema e mostrar os dois lados da situação. A informação que chega para as pessoas foi apurada, estudada, confrontada com outras versões.

S – Os veículos da imprensa profissional, livre, independente, procuram separar fato e opinião. Por exemplo, de um lado temos as reportagens, totalmente baseadas em fatos apurados e confirmados, e de outro os comentaristas, que dão a sua opinião.

L – A ideia é que as pessoas tenham acesso a diferentes pontos de vista para que possam avaliar, a partir dos seus critérios, e traçar uma opinião a respeito daquilo. A gente nota que os jovens, de maneira geral, sofrem mais com isso, até pela falta de maturidade, de experiência para olhar e analisar. Quando a informação é falsa, normalmente é apresentada de um jeito mais passional, chama a atenção, mexe com a emoção e as pessoas ficam mais suscetíveis. Tanto que os estudos mostram que a mensagem errada, uma *fake news*, é muito mais disseminada, se espalha para grupos grandes de pessoas com muito mais facilidade do que uma informação real, um fato.

S – Porque é uma coisa que vai na tendência dominante. Nos sites e redes sociais têm aqueles sistemas que te encaminham a notícia que você quer ler. Os algoritmos te levam para aquele assunto. Isso tem sido usado inclusive em eleições. As campanhas montam determinados sistemas que vão atingir determinados eleitores.

L – E é algo que pode ser calculado e atinge um grupo muito grande e, mais importante ainda, um grupo específico de pessoas que eles querem convencer de algo. Então, o ponto fundamental é ter esse olhar mais crítico sobre as informações que recebem. Seguem algumas sugestões. Primeiro, explicar para os jovens como o jornalismo sério funciona e como se apuram os fatos. O jornalismo sério se cerca no sentido de fazer uma ampla pesquisa, entrevistar especialistas, checar dados e informações. Na escola, pode ser interessante levar jornalistas para conversar com os estudantes e explicar como isso funciona. Outra sugestão é fazer exercícios com os alunos, trazendo fatos e organizando debates. "O que você pensa sobre isso? Qual é a sua opinião?" Às vezes, até o professor pode pedir para parte da sala comentar a favor daquela informação, enquanto outra parte comenta contra. O que é um belo exercício de empatia, de você sair daquele pensamento polarizado, muito direcionado, e tentar enxergar o outro lado.

S – Exibir uma matéria e pôr para discussão?

L – Para debater.

S – É impressionante como as manifestações acabam divergindo diante do mesmo fato.

L – Nós julgamos as coisas a partir da nossa visão de mundo, dos nossos valores, da nossa formação, das nossas experiências. O fato é incontestável. A árvore caiu no chão. Agora, a opinião sobre isso pode ser muito diversa. Estamos vivendo um momento em que as pessoas estão muito fechadas, muito fixadas naquilo que pensam. E, com as redes sociais, acabamos convivendo com bolhas que pensam de forma muito próxima à nossa. Você posta alguma coisa na sua rede e o povo que gosta de você aplaude, manda coraçãozinho. Aí tem alguém que critica. Qual é a tendência? "Que cara estranho! Vou bloquear." É urgente entender que, se mantivermos esse comportamento, vamos emburrecer. Quando convivo com pessoas muito parecidas comigo, estou olhando só numa direção. Quando tenho o contraditório, isso pode acrescentar. Ouvir não significa aceitar o que o outro vai dizer, mas significa refletir, comparar aquilo que o outro está colocando com os seus valores e fazer uma escolha. Pode ser manter a mesma opinião. Pode ser adotar a opinião do outro. Ou criar uma opinião híbrida, resultado das duas maneiras de pensar. O *Joca*, um jornal feito para crianças e adolescentes, dá algumas dicas. Quando o jovem tem acesso a alguma informação, ele tem de questionar: tem um nome ligado a isso? A pessoa está se identificando ou é aquela mensagem que vai para o grupo e a gente não sabe a origem? Será que o veículo que transmite aquela mensagem é confiável? Tem dados matemáticos, científicos sobre essa informação? E tomar cuidado com essas coisas atraentes demais, com muito apelo emocional.

MERCADO *FIGITAL*

Sardenberg – Em termos de comunicação da marca, o que é melhor: venda física ou digital?

Leny – As duas! Vocês já escutaram o termo *figital*? É um neologismo, uma nova palavra criada pelo varejo para descrever esse momento que estamos vivendo – une o físico com o digital. No comecinho da pandemia, as lojas físicas tiveram de fechar e alguns comerciantes criaram a possibilidade das vendas on-line. Elas até já existiam, só que era algo ainda tímido. Nem toda empresa se dedicava a vender dessa maneira. Com a pandemia, todo mundo começou a comprar assim, até porque não havia outra forma. No blog do Milton Jung, daqui da CBN, há a pesquisa da MRM Commerce em parceria com a MindMiners: "A nova jornada do consumidor no *e-commerce*". Alguns dados são bem interessantes. Primeiro, 80% dos consumidores brasileiros passaram a fazer compras on-line no início da pandemia. Num estudo realizado com mil pessoas, 68% delas afirmaram que vão continuar comprando on-line também no pós-pandemia. Me chamou a atenção que grande parte das pessoas começa a busca pela internet. Pesquisa, por exemplo, máquina de lavar louça. Dá uma olhada geral e identifica o que as marcas oferecem, comparam preços e vão até a loja física buscar. Já identificaram qual é a mais barata, qual marca parece melhor. Há inclusive sites que fazem comparativos.

Cássia – Isso funciona muito para roupa também.

L – Sim, Cássia. E tem o caminho contrário. A pessoa vai à loja, olha uma máquina de lavar, compara com as outras expostas, acha que aquela é melhor, que cabe no lugar que ela tem. Aí vai para a internet, compara preços e compra. Segundo a pesquisa, os dois movimentos vão continuar. E se esse consumidor agora é *figital*, a empresa também tem de ser. A Cássia apontou a questão da roupa. Esse é um ponto que ainda gera dúvida. Porque uma roupa, às vezes, no cabide ou na vitrine da loja ou até na foto da internet pode parecer linda, maravilhosa. Quando a gente veste, não é aquilo tudo. E o contrário também: às vezes, você vê foto de um vestido simples e, quando veste, ele parece que cresce, que fica mais atraente. Em sites das empresas, já existe a possibilidade de simular o cliente experimentando a roupa. O cliente coloca as suas medidas, alguns dados e o site mostra como ele ficaria com aquela roupa. São recursos da tecnologia que vão favorecer essa experiência de forma mais ampla.

C – Muitas empresas também estão permitindo que os usuários que já compraram se fotografem e publiquem uma foto com aquela roupa. Por que isso é legal? No caso das mulheres, essa é uma reclamação constante porque, na foto publicitária, muitas vezes quem está usando a roupa é uma modelo.

L – Irreal, magérrima.

C – Exatamente, uma modelo que usa 34. E na foto das usuárias, são mulheres comuns. Já dá uma ideia mais clara de como fica a roupa em uma mulher normal.

L – Se eu sou uma marca e quero me manter bem nesse novo mercado *figital*, tenho que investir em tecnologia. Preciso oferecer algo para que os clientes se sintam satisfeitos. Até porque, quando a gente compra essa tal roupa que parecia maravilhosa no corpo 34 da modelo e para a gente fica um pouco esquisita, isso gera insatisfação. É óbvio que isso inibe as próximas compras.

C – E a gente comenta com todo mundo.

L – O segundo ponto tem a ver justamente com a questão da comunicação. A facilidade é o elemento mais citado, por 69% das pessoas. Para que isso aconteça, é fundamental a simplicidade. Se for algo muito complicado, a pessoa desiste, vai desanimar e partir para outra coisa. Outro ponto é a coerência entre a experiência na loja física e na internet. Na internet há uma facilidade enorme: você entra, pesquisa e compara. Na loja física tem aquele vendedor que fica meio que te cercando. Isso pressupõe também um bom treinamento, para que o vendedor se coloque disponível, deixando o cliente à vontade para fazer as compras com tranquilidade. Isso tem a ver com desde o marketing que a empresa faz até a experiência da venda propriamente.

O site *E-millenium* fala de três pilares que as marcas precisam considerar: imediatismo, imersão e interação. Porque a ideia é gerar uma compra permeada pela emoção. Acreditamos que as nossas compras são racionais: olhamos, decidimos, comparamos. Os estudos mostram que o que mobiliza a nossa decisão é sempre a emoção, a experiência. Depois de decidirmos comprar, vamos em busca de razões ou argumentos para justificar. É o encantamento, precisa ter algo que entusiasme, que traga brilho no olho para a pessoa adquirir aquilo. As empresas têm que buscar uma comunicação que seja coerente para as pessoas.

ENTREVISTA DE EMPREGO ON-LINE

Sardenberg – Como se dar bem na entrevista de emprego on-line?

Leny – A busca dos recrutadores nesse momento é conhecer melhor o candidato. Na fase da entrevista, grande parte das competências técnicas já foi passada. O objetivo da entrevista é saber quem é a pessoa de uma maneira mais comportamental. Temos observado duas formas muito frequentes para realizar essa entrevista: ao vivo, com as pessoas interagindo, ou com o pedido de um vídeo pré-gravado pelo candidato, em que ele se apresenta e fala por que deve ser contratado.

S – Em entrevistas presenciais, o entrevistador pergunta: "Por que você acha tal coisa?", e você consegue se explicar. Em vídeo é mais complicado.

L – Com certeza. O que tem acontecido demais, especialmente nessa fase, é as empresas fazerem uma pesquisa ampla nas redes sociais do candidato. As perguntas, tanto no presencial quanto no on-line, têm a ver com questões mais tradicionais, enquanto outras são mais voltadas para a parte comportamental. Essa é uma mudança importante. O que é a parte tradicional? "Por que você quer trabalhar aqui?", "Como você se vê daqui a cinco anos?", "Quais são as características que te ajudaram?", "Qual o seu desejo de evolução dentro da empresa?". A sugestão é que o candidato foque na empresa. Conhecer a empresa, que tipo de trabalho realiza e, muito mais do que isso, quais são os valores dessa empresa. É fundamental para que o candidato possa responder de maneira coerente com isso. Por exemplo: "Por que eu devo contratar você?" "Porque eu tenho valores próximos aos valores da empresa", ou "Porque acredito que aqui eu posso colocar em prática os meus valores, as minhas crenças e oferecer algo".

Já no âmbito das características comportamentais, é muito autoconhecimento, muito "como eu sou, como eu me vejo". Como a pessoa pode se preparar? Pensar em situações relevantes, práticas pelas quais já passou. Colocar isso em ordem cronológica. "Já tive uma experiência numa outra empresa onde eu aprendi tal coisa, onde propus tal projeto." Às vezes, na hora H, a pessoa está tensa e não consegue se lembrar. Então, na preparação, fazer esse levantamento é fundamental. O segundo ponto da preparação é o autoconhecimento. "O que eu tenho de bom? Quais são as minhas características positivas, os meus valores que eu posso colocar em benefício da empresa?" Só que o ponto mais delicado aqui diz respeito às fraquezas. Porque, se eu falar só das minhas qualidades, a pessoa vai pensar que eu estou querendo enganar.

S – Mas se você for falar de defeitos… vai dizer: "Não gosto muito de trabalhar"?

L – Mas, se você não fizer referência, o cara vai te questionar. Essa é uma pergunta clássica. Um tempo atrás, havia uma máxima: "Diga que você é perfeccionista". Não cola mais. A orientação é identificar algo que eventualmente possa ser um ponto fraco e dizer o que você está fazendo para lidar com isso. Por exemplo: "Tenho uma dificuldade de me expor em público, eu ainda me sinto muito desconfortável, então, estou fazendo cursos para me aprimorar, estou treinando, tenho gravado alguns vídeos para perceber avanços". É preciso identificar algo, senão o cara vai achar que você está enganando mesmo ou ele pode te achar arrogante. Então, pense em alguma coisa e conte o que está fazendo para lidar com aquilo. Isso mostra proatividade.

Outra sugestão é exercitar o discurso. Porque, às vezes, pensamos: "Ele vai perguntar e eu vou responder". Muitas vezes, o candidato é reativo demais, e acaba ficando à mercê do direcionamento do recrutador. É interessante se colocar mais proativo nesse processo, mais protagonista, para ter oportunidade de falar das coisas que são mais relevantes. Isso só acontece quando a pessoa está bem treinada. Aí ela é capaz de aproveitar uma brecha, uma hesitação, para fazer uma ponte para a informação que interessa mais a ela. É importante considerar os recursos verbais, cuidar do português, falar de maneira correta. Isso constrói percepção. Não interromper o entrevistador. Deixar ele concluir. Se ele te interromper, é sinal de que você está falando demais. Vale a pena treinar respostas mais objetivas e diretas. Fazer perguntas sobre a empresa. Quanto mais o candidato demonstrar interesse em conhecer, mais deixa claro a vontade de contribuir.

Em termos de recursos não verbais, é importante cuidar da forma como se posicionar corporalmente. Principalmente no on-line, pois qualquer detalhe se amplia na câmera do computador ou do celular. Então, colocar a câmera mais na direção dos olhos, com apoio. Eu já vi alguns vídeos em que a pessoa fala com o celular na mão e é terrível. A movimentação excessiva incomoda muito o cérebro. O outro vai querer acabar rápido. Sentar-se confortavelmente e manter a base do corpo bem apoiada, o tronco e o olhar voltados o tempo todo para a câmera. Isso é desafiador, porque a tendência é olhar para a pessoa. É importante olhar para a câmera para construir aquela conexão de olho no olho. Nos aspectos vocais, caprichar na articulação, falar com uma movimentação ampla da boca, porque isso constrói percepção de credibilidade. No caso do vídeo gravado, ser breve e focar o discurso na contribuição que pode ser dada. Isso coloca o candidato numa condição proativa e demonstra prontidão para contribuir.

ÁUDIOS ACELERADOS

Marcella – Ouvir áudios na velocidade normal está virando raridade?

Leny – A ferramenta do WhatsApp passou a permitir, em 2021, que as pessoas acelerem a reprodução das mensagens de voz. Muitas pessoas não conseguem escutar alguns áudios pela falta de tempo ou pela falta de paciência. E elas passaram a poder ouvir a mensagem no tempo normal, num tempo 1,5, que é 50% mais rápido do que o normal, e num tempo 2,0, que dobra a velocidade de fala. E está uma febre. O que mostra que estamos vivendo de forma muito acelerada. Agora, tudo na vida tem um lado sol e um lado sombra. Em termos de vantagem, é muito prático e rápido. Às vezes, você tem pouco tempo, quer escutar para saber do que se trata, para ver se é algo urgente ou não, e é possível obter essa resposta. Segundo, ajuda muito quando se trata de pessoas mais prolixas. Áudios acima de um minuto já são muito complicados, alguns têm até cinco minutos.

M – Eu já recebi um de 25 minutos. Mais que dois, três minutos, é difícil, hein?

L – Pois é. Eu estou sempre conectada, porque atendo muitas pessoas e, às vezes, tem alguma urgência. A mensagem escrita é boa, porque eu bato o olho e já sei se é urgente ou não. No áudio já dificulta muito, porque, no mínimo, eu tenho de colocar no ouvido ou até aumentar o som e, dependendo de onde estou, não dá. Áudios de uma forma geral não podem ser longos. Senão, é mais fácil a pessoa ligar. E tem o lado sombra. A desvantagem quando aceleramos é que perdemos os marcadores da emoção na fala: a nuance, a pausa, o suspiro, a ênfase, até o tom da voz, porque fica meio robótico. E, se é para perder emoção, é melhor escrever. A vantagem do áudio é você transmitir mais nas entrelinhas. É diferente quando você manda uma mensagem escrita, com a informação chapada. Quando você fala, coloca as nuances, as variações que permitem uma comunicação melhor. O segundo ponto é que estudos mostram que há um reforço na ansiedade, que já é algo muito comum nas pessoas, de uma forma geral. O ansioso tem necessidade de uma gratificação rápida. E, como você pode acelerar, é como se estivesse gratificando a postura ansiosa da pessoa. Segundo os estudos, isso pode gerar ainda mais ansiedade, impaciência. Quem traz esses dados é o professor Luiz Carlos Schenberg, da Universidade Federal do Espírito Santo. E ainda vem uma baita perda da capacidade de você ouvir algo por prazer, curtindo.

Ansiedade é um conceito mais amplo, só que, quando ela assume um papel mais relevante, vira um transtorno. Dados da Organização Mundial de Saúde mostram que hoje há 264 milhões de pessoas com o transtorno da ansiedade, a segunda doença mental mais comum no planeta. E o Brasil é o centro mundial do problema. Existe uma média mundial em torno de 3,5%, no Brasil é de 9,3%. Claro que a pandemia fez com que isso se acentuasse, e aí temos que questionar se vale a pena recorrer a ferramentas desse tipo, a alimentar ainda mais esse ambiente ansioso, tenso, nervoso, rápido demais. Tenho ouvido falar de pessoas que estão escutando podcast na velocidade rápida, vendo filmes assim também.

M – Eu costumo ouvir alguns podcasts na velocidade mais rápida. Mas geralmente os noticiosos, quando quero ouvir vários, antes de vir trabalhar, para me atualizar. Agora, filme eu acho que não dá. É o momento de relaxar, de assistir, de acompanhar, e outros podcasts também merecem um tempinho a mais, justamente por causa das nuances, saber a emoção transmitida.

L – Você sintetizou, Marcella. Quando o interesse é só informativo, dá para agilizar para pegar a informação objetiva. Agora, perde as nuances, a questão da emoção. Então, vale a pena avaliar os momentos em que isso pode ser legal e os momentos de dar tempo ao tempo.

AUDIOBOOK É LEITURA?

Sardenberg – *Audiobook* veio para ficar? "Vale como leitura?" Você ouve *audiobook*?

Cássia – Eu consumo mais livros da maneira tradicional, mas, eventualmente, escuto *audiobook*.

Leny – E você, Sardenberg?

S – Não. Eu ouço música no carro e a CBN.

L – Esse negócio de ouvir *audiobook* é interessante. Primeiro, porque o brasileiro, de uma forma geral, não tem muito hábito de leitura. Segundo, nós temos um trânsito bem considerável. Então, é uma forma interessante de as pessoas ouvirem. Uma pesquisa mais recente de Daniel Willingham, da Universidade da Virgínia, constatou que, para crianças alfabetizadas até os 10 anos de idade, apenas ouvir não tem a mesma eficácia do que ler. Porque a criança, nessa fase, ainda precisa do apoio visual para conseguir compreender, para decodificar mais facilmente. Segundo a pesquisa, depois dessa idade, começa a haver uma aproximação da memorização com o ganho que se tem lendo ou ouvindo. Eu tenho aqui algumas considerações em relação ao estudo. Em primeiro lugar, o foco é completamente diferente. Se você está no carro dirigindo, ouvindo livro, no mínimo, está com a atenção dividida.

S – Você vai bater o carro ou não vai ouvir direito.

L – Exatamente. E aí tem uma diferença entre ouvir e processar a informação. Nosso órgão auditivo vai levar as informações para o cérebro. Podemos registrar a escuta, mas processar informação, entender exatamente e fazer conexões cerebrais exigem um nível maior de atenção. Um segundo ponto: é interessante que busquemos alguma forma de registro de tudo aquilo que queremos que fique na memória. Já falamos do tanto que aumenta a memorização quando ouvimos uma aula, por exemplo, e digitamos no nosso computador ou no celular ou quando anotamos com lápis ou caneta. O trabalho motor para registrar, por meio do lápis, é muito maior. E a neurociência nos mostra que, quanto mais áreas do nosso cérebro recrutarmos para determinada atividade, mais essa atividade se mantém na nossa memória.

Agora, não podemos negar que os *audiobooks* chegaram para ficar. Começaram em 1932, nos EUA, para a inclusão de pessoas com deficiências visuais. Isso foi se expandindo de forma tão grande que, hoje, cerca de 44 mil títulos são lançados anualmente nesse formato nos EUA. O Brasil está chegando muito forte nesse mercado, com várias empresas fazendo isso. Uma coisa a destacar é que a voz de quem faz essa leitura precisa ser envolvente, ter relação com o conteúdo. Basicamente, vozes mais aveludadas combinam mais com romance. Vozes mais secas, colocadas de maneira mais firme, podem ter a ver com suspense, drama. Quando a voz é a mesma do autor do livro, aumenta muito o interesse. Por exemplo, o Lázaro Ramos foi o narrador do livro dele, *Na minha pele*. Gisele Bündchen leu a introdução do próprio livro. O Drauzio Varella narrou *Estação Carandiru*. A gente tem um exemplo dentro de casa. A Maju Coutinho deu voz à Michelle Obama, na biografia *Minha história*. Eu bati um papo com ela, no qual ela disse que existe um esforço vocal muito grande para fazer uma leitura. São livros grandes, então, tem que ficar falando muito, é algo que necessita de cuidados. Ela disse também que teve muito medo de parecer caricata. Ela não queria ser uma Michelle Obama, ela queria ser a Maju contando a história da Michelle. Ela relata que, em alguns momentos, houve uma identificação muito grande e a emoção acabou interferindo. O que é bom, né? Quando você ouve algo com mais emoção, se sente mais atraído, isso gera mais conexão.

S – Tem quem ouça *audiobook* fazendo tricô. E você pode ouvir *audiobook* sem fazer nada. Sentar na varanda, colocar o seu fone e ficar ouvindo, por exemplo.

L – E tricô é uma atividade motora, mecânica, mais repetida. Então, é possível manter o seu ritmo enquanto vai aproveitando a oportunidade de escutar, de aprender, de conhecer coisas novas.

C – Tem um componente interessante que é o quanto a gente aprende, principalmente até determinada fase da vida, em relação à ortografia com o livro tradicional. As pessoas que têm o hábito da leitura dificilmente cometem certos erros ortográficos, porque estão familiarizadas com vocabulário muito mais amplo.

L – Eu adoro pegar o livro na mão, o cheiro do livro, marcar o livro. As experiências sensoriais são maiores quando você está com o livro físico. Mas é algo que a tecnologia está trazendo para nós, tem um lado bom que é muito importante e, com certeza, vamos começar a usufruir das experiências para tirar as nossas próprias conclusões.

C – É isso aí. As coisas não são excludentes.

RECURSOS VISUAIS NO APRENDIZADO

Leny – É comum professores pensarem sobre como atrair o interesse dos alunos e conseguir que eles se envolvam nas aulas. Pesquisando sobre o tema, cheguei ao conceito da neurodidática, uma ciência que nos diz que o nosso cérebro, para aprender, precisa se emocionar. Uma pesquisa da equipe do Instituto de Tecnologia de Massachusetts (MIT) fez o seguinte experimento: colocou um sensor termoelétrico no pulso de um estudante universitário de 19 anos para medir a atividade elétrica do seu cérebro por 24 horas, durante sete dias. A atividade cerebral, enquanto esse aluno assistia a uma aula tradicional, com o professor falando, é igual a quando ele assiste à TV. Ou seja, é uma atividade passiva. O cérebro precisa se mexer para aprender. Quando precisamos processar novas informações, existe um uso maior do nosso hemisfério cerebral direito, que está relacionado à intuição, à criatividade e a imagens. Aqui temos a grande importância do não verbal do professor, por meio de gestos, de expressão facial, de uma postura que demonstre mais a sua vontade de ensinar. O processamento linguístico, por meio das palavras, acaba sendo secundário. Então, a sugestão é o uso de suportes visuais para favorecer essa aprendizagem, para explorar mais esse hemisfério direito. Mapas, gravuras, vídeos e gráficos aumentam o interesse.

O processo de aprendizagem envolve três passos: motivação, atenção e memória. O que se sugere é a utilização de um material visual atraente, associado ao debate. Existem estudos que mostram que, quando um treinamento online é só relacionado a conteúdo, apenas 10% dos alunos acabam concluindo o curso, porque falta o debate, falta a troca de informações. A sugestão, então, é usar suporte visual interessante. Por exemplo, quando for estudar a Grécia, mostrar vídeos no YouTube sobre o tema, usar gamificações, colocar grupos em redes para discutir o tema. Isso acaba gerando mais motivação e, com um professor que demonstre claramente o seu interesse em interagir com os alunos, aí a aula vai ficar imbatível.

MUNDO VUCA

Sardenberg – O que é Vuca?

Leny – Vuca é uma expressão americana para esse ambiente de trabalho no qual estamos inseridos. Basicamente, é uma sigla. O "v" é de volátil. Nós vivemos num mundo de mudanças extremamente aceleradas. O "u" é incerto, em inglês, *uncertain*. Algumas tendências que conhecemos hoje, daqui a pouco, por conta da tecnologia, serão diferentes. O "c" é de complexo. Não temos mais aquele mundo cartesiano, com o mesmo número de incógnitas e equações para resolver. E, por último, o "a" é de ambíguo, ou seja, muitas vezes, há mais de uma solução para a mesma questão. É um mundo diferente do qual estávamos acostumados e temos de nos preparar para lidar com esse ambiente, porque é um caminho sem volta. Fica claro que não dá para saber de tudo. Então, o grande verbo é compartilhar, entender a importância de trocar ideias e informações. De até nos dividir, no ambiente de trabalho, de modo que algumas pessoas vão cuidar de um determinado tema, e outras, sobre outro.

S – Navegando na internet, vi a informação de que, naquele momento, 500 filmes estavam subindo para um site. Dá uma angústia, não dá?

L – Eu sempre me gabei da minha memória. Eu tinha uma facilidade para saber o nome do filme, do ator, do diretor. A mesma coisa com livro. Hoje eu me pego pensando: "Nossa, aquela história, como é mesmo o nome?" Fica difícil pela quantidade imensa de informações.

Cássia – Essa dificuldade de armazenamento tem a ver com volume, não é?

L – Sim, com excesso. Nossa memória precisa de descanso e também de se desocupar de coisas. Como se tivéssemos gavetas no nosso cérebro, que precisam ir se esvaziando, indo para um HD externo. Ou seja, anotar, registrar de alguma forma, para tirar da cabeça e gerar espaço mesmo. E o estresse também é um fator que dificulta essa capacidade. A sensação de um monte de coisa para fazer dificulta mesmo, porque nós dormimos menos, descansamos menos.

S – Você falou em anotar para tirar da cabeça. Às vezes, a pessoa fala: "Eu não preciso anotar, porque está tudo na tela".

L – Mas não é bem assim. Porque a informação que pegamos da tela chega com estímulos diferentes de luminosidade, com formato de letra igual. E o estímulo disso no nosso cérebro é muito menor do que quando anotamos. Até porque é muito frequente, por exemplo, alguém mandar um link, nós abrirmos e darmos uma passada rápida para ver se interessa. Muito pouco disso fica retido. Diferentemente disso, quando pegamos uma caneta para anotar algo, acionamos mais áreas do nosso cérebro e tendemos a manter aquele dado na nossa memória. Pesquisando sobre o mundo Vuca, encontrei observações de um professor da FGV, Luiz Carlos Cabrera. Ele propõe a conjugação do verbo "colegar". É a importância de se ter colegas no trabalho e criar uma rede de apoio. Ele conta que uma turma de pessoas que se relacionam bem é muito mais eficiente, em termos de resultados, do que uma equipe formada apenas pelas competências. Claro que esses colegas têm que se comunicar bem. A primeira proposta é definir os objetivos naquela relação de comunicação com muita clareza. Que saibamos exatamente o que queremos falar. Segundo, buscar uma forma direta, objetiva, simples – curta, inclusive – para transmitir a informação. Vale compartilhar os nossos resultados e, especialmente, respeitar os momentos e os limites daqueles que convivem conosco.

S – Uma vez, num debate entre professores numa Faculdade de Filosofia, um deles dizia assim: "Eu falo difícil porque eu penso difícil". E o outro dizia: "Não. Tem que pensar simples e falar simples".

L – E é a saída. Principalmente neste mundo Vuca. Não tem espaço, não conseguimos apreender informações que cheguem de modo muito complexo. Nosso cérebro está ocupado com uma série de coisas. Então, a busca é por simplicidade. E no sentido que Leonardo da Vinci dizia: "A simplicidade é o auge da sofisticação". Ou seja, não é muito fácil ser simples. Precisamos conhecer muito sobre determinado tema para conseguir traduzir coisas complexas de maneira simples.

MUNDO BANI

Sardenberg – Temos aqui o exemplo de uma pessoa que tem três filhos, entre 18 e 22 anos, que são bastante responsáveis. Ele e a mulher também cumpriram todas as regras da pandemia, ficaram em casa e evitaram sair. Diz que no começo ele achou que estava bom, mas que agora eles estão muito preocupados com perda de relacionamento, depressão, tristeza e outras coisas do gênero. É mais ou menos isso o conceito do mundo Bani?

Leny – Nós todos fomos pegos de surpresa com essa situação. No início, aquele susto fez com que partíssemos para a ação. Fomos atrás dos cuidados todos e ajeitando a vida. Quando parecia melhorar, eis que a pandemia piorou. É algo que vem se estendendo há bastante tempo e essa questão da comunicação, do contato com o outro, da conexão humana, é fundamental para nossa saúde mental e física.

S – Eu fiquei um ano e cinco meses trabalhando de casa e, quando fui autorizado a voltar para a redação, foi uma mudança psicológica muito grande.

L – Você estava cumprindo as suas funções normalmente. Entrava no jornal, ou seja, manteve o seu papel profissional tranquilamente. Mas, mesmo assim, a falta da interação, do contato com as pessoas, do olhar, do estar junto, faz muita diferença. Somos seres sociais, nosso cérebro é social. Essa fase está trazendo uma série de desafios para as pessoas. Muitas vezes, o jovem, a pessoa com menos maturidade, acaba tendo mais dificuldade, tem menos repertório para lidar com essas situações.

S – E Bani quer dizer o quê?

L – Bani é uma sigla que veio num desdobramento do mundo Vuca (sigla em inglês para Volátil, Incerto, Complexo e Ambíguo). As empresas, no decorrer do tempo, entenderam que era algo interessante para ajudar a conduzir as ações no nosso mundo volátil, incerto, complexo e ambíguo. O futurista e antropólogo norte-americano Jamais Cascio apresenta esse conceito do mundo Bani (sigla em inglês para Frágil, Ansioso, Não linear, Incompreensível) através de questões que se tornaram mais complexas, por conta da pandemia, das alterações climáticas, dos problemas políticos que atingem o mundo todo. Ele diz que estamos vivendo convulsões, coisas surpreendentes, desorientadoras. Isso aumenta muito o nível de estresse das pessoas e a proposta é lidar com esses quatro itens. Vou retomar cada um deles para que busquemos soluções.

Começando pelo "frágil": as empresas hoje entendem que acabaram dependendo de estruturas muito frágeis, fáceis de quebrar. Aquelas que tinham hierarquia rigorosa, chefia perto para cobrar, poder centralizado, viram que a coisa não ia se sustentar e tiveram de mudar as propostas de valor. Esse "frágil" vale para cada um de nós, ou seja, quando a nossa rotina era pautada em algo muito preestabelecido, fixo, rígido demais, teríamos dificuldade de lidar neste mundo que mudou tão bruscamente. Vivemos um momento em que a adaptação é um ponto fundamental.

Então, lidar por meio da resiliência, da colaboração mútua dentro da empresa, nas relações pessoais, a busca pela colaboração e a diversidade de ideias, de pensamentos, de opiniões. A segunda parte, da "ansiedade", tem muito a ver com a sensação da falta de controle. Não temos mais previsão de como as coisas vão acontecer, não sabemos se vamos ficar doentes, não sabemos exatamente como nosso trabalho vai ficar no decorrer do tempo. Isso traz essa sensação de impotência, de medo, de insegurança. Quando isso ocorre, costumamos seguir dois caminhos, e as escolhas são muito desastrosas: ou ficamos passivos, inertes, e aí vem a questão da depressão, ou o desespero, que muitas vezes acaba acontecendo. E a pandemia deixou ainda mais evidente que muitas coisas estão absolutamente fora do nosso controle.

Cássia – A próxima letra da sigla, o "não linear", tem a ver com o fato de que a grande maioria de nós não tinha passado por uma pandemia. A gente imaginava: "Começa a pandemia, o número de casos aumenta, se descobre um tratamento, vacinas, os casos diminuem e a pandemia acaba". E não aconteceu dessa maneira.

L – No nosso mundo anterior, havia uma ação e uma reação. Agora, essa relação de causa e efeito virou de cabeça para baixo. Ficamos sem referências e não existe mais uma solução única. A busca é por experimentar novas saídas, romper barreiras, estabelecer parcerias. Isso é bastante relevante para lidarmos com este mundo não linear. Ou seja, sermos flexíveis e adaptáveis.

S – E o "incompreensível"?

L – A lógica aparente que tínhamos não se verifica mais. Então, é muito importante que aceitemos esse estado novo como um momento delicado e desafiador. Que busquemos redes de apoio para que possamos vivenciar melhor as relações de amizade, os contatos, independentemente da forma. A busca por estarmos próximos e aceitarmos a nossa vulnerabilidade. Especialmente no trabalho, nos colocávamos muito assim: "Entrei aqui, acabou, o que eu sou fica lá para fora, estou aqui focado no que eu tenho que fazer". E não é assim. Ao aceitarmos nossa vulnerabilidade e nos permitimos essas dúvidas, já nos encaminhamos para uma solução ou, pelo menos, para uma situação de mais tranquilidade. A busca por esses laços é vital. Não é só uma questão de: "Ah, eu gosto de estar junto com as pessoas". O ser humano é frágil desde sempre, é o único bicho que nasce e depende de cuidados por tantos anos, diferentemente de qualquer outro animal. Essa necessidade do outro faz com que realmente busquemos essas relações, essas teias de contato. E temos que nos esforçar muito para procurar estabelecer essa sensação de contato de outras formas, dentro do que nós podemos.

Diversidade

GERAÇÃO Z NO TRABALHO

Sardenberg – O que é Geração Z?

Leny – São as pessoas nascidas após 1995 que têm algumas características em comum. Num relatório de tendências do futuro do trabalho, da consultoria ManpowerGroup, a tendência é estarmos lidando com quatro gerações dentro das empresas. Como é esse grupo da Geração Z? São indivíduos muito ligados em tecnologia, nativos digitais, buscam *feedback* constante, mentoria, maior aproximação pessoal em relações de trabalho, flexibilidade, aprendizado constante e desenvolvimento de competências. Eles têm uma necessidade de dialogar e temos de estabelecer canais para que possam fazer isso. Têm baixa tolerância para imposição, não aceitam muita ordem. São muito ágeis, às vezes essa rapidez se assemelha à afobação. São muito ansiosos por resultado e gostam de visibilidade.

Então, o primeiro ponto é: a comunicação tem de ser clara e muito frequente. Eles são habituados às redes sociais, estão on-line, tudo acontece ao mesmo tempo e buscam agilidade. O líder deve mostrar o ciclo ótimo de carreira, porque eles precisam de *feedbacks* constantes, diferentemente daquele *feedback* a cada seis meses, a cada ano. Aqui tem de ser a cada trabalho. O risco é que recebam elogio e pensem: "Vai chegar uma promoção". E não vai. Então, eles precisam ter ideia de como funciona esse ciclo para que não se decepcionem. Vale investir mais tempo em conversas, permitir o debate, mostrar o porquê de cada solicitação. Eles são mobilizados pelo propósito, então, a figura de autoridade é muito frágil. É uma geração cujos pais, que trabalham bastante, deram muita liberdade, e eles têm dificuldade com a questão da autoridade. O líder, para mostrar sua autoridade, tem de mostrar o porquê, e deve buscar uma coerência entre o que fala e o que faz, senão perde o respeito desse liderado da Geração Z. É preciso liderar de forma mais personalizada, ser firme e seguro, permitir a inovação – consequentemente, eles vão errar para aprender – e ouvir. A importância da escuta ativa, interessada, para que esses jovens se sintam motivados a fazer cada vez mais e melhor.

S – Agora, isso é chato, toda hora ter de explicar.

L – Pois é, demanda uma atenção muito grande do líder. Agora, eles trazem muito resultado. Essa questão da inovação é importante, o fato de serem nativos digitais contribui muito.

Marcella – Recebemos um relato de um jovem de 24 anos que está há apenas três meses numa empresa e não vê possibilidades de crescimento, por isso pensa em sair. Eu acho que três meses ainda é muito pouco tempo, está na experiência.

L – Esse imediatismo é bem a característica dessa geração. É uma impaciência, a pessoa quer o melhor resultado no menor tempo possível. É a busca pela recompensa imediata. "Estou aqui, investindo e quero ter um ganho." Só que as coisas não funcionam desse jeito. É todo um processo. A gente não chega a um sucesso, ao desenvolvimento profissional da noite para o dia. Envolve uma jornada de aprendizado e crescimento. É colocar o foco no longo prazo, olhar adiante e ver o que se busca, o que se quer da vida.

M – Era comum nas gerações anteriores a busca de estabilidade, ficar 30, 40 anos na mesma empresa. Agora o mercado está mais dinâmico, e há muita troca da Geração Z, mas é preciso um pouco de parcimônia. Ter paciência para que esses processos aconteçam.

L – Nenhum extremo é bom. A busca é pelo equilíbrio. Um levantamento da plataforma da Globosat mostrou que essa geração traz como características: agilidade, rapidez e muita energia. É a geração WhatsApp. De mandar mensagem e já esperar a resposta. É um grupo que tem expectativas muito pragmáticas. Porque vivenciaram, logo após o nascimento, o pós-crise, com a consequência do 11 de Setembro, a crise ambiental, as crises políticas, as guerras etc. Eles buscam um aprendizado acelerado. Isso tem um lado bom, que é justamente essa busca, e hoje temos acesso muito fácil à informação, ao conhecimento. Só que, muitas vezes, esse aprendizado acontece de forma tão rápida e superficial que pode impedir a reflexão. Tem também a questão da consciência social mais ampliada. É a geração que consome de empresas, de marcas que tenham um propósito, uma missão social maior. É uma geração que coloca os líderes em xeque, muito diferente do padrão anterior do "manda quem pode, obedece quem tem juízo". É uma geração que busca identificação e uma coerência entre o que o líder fala e suas atitudes. Então, é bastante desafiador liderar equipes desse tipo.

Tem também uma busca por um futuro mais humano. Temos visto um aumento na incidência de depressão e ansiedade nessa faixa etária. A gente fala de propósito, é interessante ter um foco, um objetivo. E quando a gente ouve um jovem perguntar: "Três meses, será que tenho de ir para outro lugar?", fico pensando em qual nível de investimento ele está colocando em relação à empresa. A preocupação é: "O que essa empresa tem a oferecer para mim? Será que eu já esgotei as minhas possibilidades?". Quando, na realidade, nossa grande busca deve ser: "O que eu posso oferecer para essa empresa?" Parece que existe uma mudança na maneira de pensar que pode estar na base dessa insatisfação, desse incômodo. Porque, se eu busco só me abastecer com o que vem de fora, corro um risco muito grande de me esvaziar. É importante que a gente faça o exercício contrário. "O que eu posso oferecer? Como posso me desenvolver para oferecer algo melhor para essa empresa onde atuo?"

Num levantamento da Deloitte, 34% desses jovens falaram que buscam oportunidades de desenvolvimento. Então, essa corrida para crescer é impactante nesse grupo. E 53% deles preferem a comunicação pessoal, presencial. A pesquisa mostra que 34% desses jovens buscam mentoria. Entendem que precisam da orientação de alguém para direcionar essa ansiedade, essa energia toda. Então, esse grupo dos 50+ seria um complemento maravilhoso para essa turma. A pessoa com mais experiência traz mais equilíbrio, um olhar mais sereno sobre as coisas. Costumo dizer que o jovem é o *fast-food*, e o 50+ é o *slow-food*. Os dois lados têm vantagens. A agilidade do *fast-food*, vai lá e come rapidinho. Mas o *slow-food* traz o processo de saborear, e parece que esse complemento faz falta a esse grupo. A gente fala como a diversidade é importante, a contratação de mulheres, de pessoas com diferentes orientações sexuais, pessoas mais velhas e mais novas, e é preciso ter um olhar para a busca dessa integração para poder aproveitar o melhor da cada mundo.

50+

Leny – Estamos vivendo uma fase curiosa. Um tempo atrás, quando as pessoas mais velhas perdiam o emprego, se queixavam de que era quase impossível voltar ao mercado de trabalho. Muito por conta do preconceito, o etarismo. Hoje, muitas empresas percebem o quanto é vantajoso dar oportunidades para essa faixa etária, até para trazer um equilíbrio tão necessário nesse momento em que vivemos.

Cássia – Quando se consegue criar um ambiente de trabalho com diversidade, há maior produtividade. São mais ideias e de diferentes tipos.

L – As coisas ficam mais criativas, as soluções ficam mais diferenciadas, é um ganha-ganha. As empresas, em geral, estão muito sensíveis a essa busca da diversidade, por terem mais mulheres, mais negros, pessoas com orientações sexuais diferentes nos seus quadros. Mas a questão do etarismo ainda é pouco percebida, por mais que esteja melhorando. Uma empresa muito conhecida no mercado, um tempo atrás, postou uma foto do seu grupo de principais executivos e eram todos muito jovens, brancos e homens. Houve muita reclamação da falta de mulheres e de negros, mas praticamente ninguém reclamou da falta de pessoas mais velhas na equipe. A diversidade é muito importante, traz uma série de vantagens, e a gente tem de abrir os olhos para essa questão da idade.

Sardenberg – As empresas, puxadas pelas empresas de tecnologia, passaram a colocar executivos muito jovens, porque diziam que se exigia trabalho muito intenso, então, tinha de ser a garotada. Isso mudou agora?

L – Sim, até porque as pessoas mais idosas mudaram muito o perfil. Nessa área de tecnologia, 80% dos idosos fizeram curso durante a pandemia. Existe um público de 21 milhões de usuários acima de 65 anos no Mercado Livre, é um dado de pesquisa. E a faixa das pessoas acima de 60 anos foi a que mais cresceu entre os consumidores do comércio on-line. Hoje são 33,9% das pessoas nessa faixa etária. As pessoas estão se atualizando. A pessoa mais velha já tem uma série de situações da sua vida, principalmente pessoal, já resolvida. Então, ela pode se dedicar. Existia a dificuldade de lidar com a tecnologia, que hoje não existe mais. Os ganhos das empresas com essas pessoas são grandes. São pessoas extremamente leais e que gostam de fixar raízes. Isso é importante, porque a gente vê muito jovem hoje sem adesão à empresa ou àquela oportunidade de trabalho. Eles também são mais resilientes, já viveram muitas coisas, passaram por crises, adversidades e, até pela maturidade, desenvolveram uma facilidade maior de lidar com isso.

É comprovado também que pessoas nessa faixa têm mais inteligência emocional. Sabem lidar melhor com as emoções, gerenciar o estresse, e temos visto como as pessoas têm adoecido nos ambientes de trabalho. Trazem mais equilíbrio às equipes, conseguem resolver problemas com mais facilidade e trazem experiências e perspectivas diferentes para atrair diferentes tipos de clientes. Por exemplo, uma empresa de seguros diz que passou a vender mais quando colocou na linha de frente pessoas com mais idade, que têm histórias para contar, que podem ilustrar pessoalmente a busca por esse tipo de produto. Não dá para negligenciar o fato de que essa população está crescendo demais. A expectativa de vida hoje é muito maior.

C – Olha esta história: uma jornalista, de 57 anos, se formou em Direito há 2 anos. Hoje trabalha como advogada num escritório e diz que, nessa profissão, ser mais velho é uma vantagem competitiva.

L – Ela soube se reinventar. Foi atrás de outra formação, procurou se atualizar, isso é essencial. A pessoa nessa faixa em busca de uma oportunidade tem de estar muito aberta para esse desenvolvimento. Quando as pessoas saem da empresa, por aposentadoria compulsória etc., estão num ponto de desenvolvimento excelente. Tanto que muitos viram mentores, consultores e professores, por causa da experiência. Isso tem de ser valorizado.

MULHERES, UNI-VOS

Leny – A ONU Mulheres colocou em 2022 um *slogan* para o Dia Internacional da Mulher: "Igualdade de gênero hoje para um amanhã sustentável". Mostra a importância de as mulheres ocuparem mais esse espaço, relacionado ao ESG (*environmental, social and governance*), à sustentabilidade. Em relação à comunicação da mulher, vivemos uma fase de busca pela sensibilidade, por um cuidado maior, por um foco mais voltado às pessoas. É uma demanda para os líderes de forma geral. Ao olharmos esse cenário, chama a atenção o fato de as mulheres lidarem com essas características de uma maneira mais assertiva, mais impactante.

Uma pesquisa da plataforma de negócios virtual Connect Americas traz como característica da liderança feminina a orientação às pessoas. À medida que um profissional sobe na carreira, as habilidades técnicas vão sendo menos valorizadas e se busca mais o desenvolvimento das habilidades comportamentais. Então, a orientação às pessoas favorece muito esse modelo de liderança. Outro ponto é que as mulheres tendem a cooperar mais nos ambientes onde interagem. Capacidade de agir em muitas direções. A mulher, teoricamente, é treinada a olhar para diferentes pontos ao mesmo tempo.

Sardenberg – A mulher é capaz de fazer dez coisas ao mesmo tempo.

L – Existe essa ilusão da multitarefa. Ninguém é assim, nossa atenção é alternada. Mas as mulheres conseguem focar mais rapidamente diferentes pontos. Isso ajuda muito. Outra característica é a da liderança horizontal mais inclusiva. Quando as mulheres são líderes, normalmente favorecem uma participação maior da equipe, das pessoas. Existe uma tendência a compartilhar mais o poder, o que é algo desejável. Há um predomínio da característica mais emocional, de um olhar mais voltado para a empatia, para se colocar no lugar do outro. Finalmente, uma predisposição maior à mudança. De maneira geral, mulheres se colocam mais propensas a aceitar mudanças, o que é um ponto bastante positivo.

Cássia – Uma característica da liderança feminina que se acentuou nos últimos anos foi a mulher dar a mão para a outra. A liderança inclusiva horizontal. Antes, havia mais rivalidade, competição entre mulheres na mesma empresa.

L – É o conceito da sororidade. É muito bom mesmo observarmos mulheres apoiando mulheres. Até porque hoje as mulheres que conquistam cargos de liderança já têm representatividade e modelos para seguir. Antes, os líderes, na sua grande maioria, eram do gênero masculino. As mulheres tinham poucas referências. Hoje somos capazes de citar várias mulheres líderes com atuações impactantes. Uma curiosidade para encerrar: a proposta do Dia Internacional da Mulher começou em 1908, com uma marcha de 15 mil mulheres em Nova York. Elas reivindicavam redução de jornada de trabalho, melhores salários e direito ao voto. Em 1909, virou o Dia Nacional da Mulher nos EUA. Em 1910, numa conferência em Copenhague, na Dinamarca, foi proposto o Dia Internacional, que foi comemorado pela primeira vez em 1911 na Áustria, na Dinamarca, na Alemanha e na Suíça. E só foi oficializado pela ONU em 1975, quando ganhou esse *status* de ser comemorado no mundo inteiro. Demorou.

LINGUAGEM NEUTRA

Leny – Boa tarde a todes.

Cássia – A Leny já introduziu o tema. Todo mundo já ouviu alguém falar assim ou leu alguma mensagem com todes ou com uma @ no lugar da vogal ou a letra X. É o chamado gênero neutro.

L – A linguagem neutra apaga diferenças de gênero. Como se abolisse a letra A do feminino e a letra O do masculino. E coloca no lugar o E, o X ou o @. É uma proposta que vem há algum tempo em vários países. E está gerando polêmica. A proposta da linguagem neutra é respeitar as diferentes orientações e como as pessoas se veem. Aqueles que defendem dizem que é um sinal de respeito, ainda mais no português, considerando o quanto a nossa língua é machista. Estamos eu, você e o Leandro. Duas mulheres e um homem. Teríamos de usar: "Nós todos estamos aqui reunidos", a forma masculina.

C – Mesmo que estivéssemos numa sala com 500 mulheres e um homem.

L – Exatamente. Simbolizando o todo naquele momento. É assim que aprendemos na escola. Confesso que, até surgir essa discussão, eu nunca me senti incomodada, porque é a regra do nosso idioma. As pessoas a favor defendem que esse machismo é inadequado e que a língua deve refletir essa possibilidade de tornar neutra, se referindo à mulher, ao homem ou a alguém que se identifique com determinado gênero. Até porque existem pessoas que não se identificam nesse sistema binário, que também estariam contempladas nessa linguagem neutra. Os que são contra trazem a questão conservadora de que a nossa língua foi feita assim. Alguns até comentam que o povo brasileiro, de maneira geral, tem dificuldade de falar corretamente o português, e que seria mais uma questão a gerar dúvida e dificuldade. Há esses dois lados. Hoje isso aparece em ambiente acadêmico, em propagandas, muito nas produções artísticas, na política e no mundo corporativo.

Os linguistas nos ensinam que a nossa língua é viva. Por exemplo, lá atrás, as pessoas usavam a expressão "vossa mercê"; com o uso, virou "vosmecê" e depois "você". Temos duas possibilidades de mudança da língua. Uma é a mudança que o próprio povo vai utilizando e, num determinado momento, os dicionários incorporam a alteração. A outra é por meio das reformas ortográficas, a forma oficial, digamos. Muitas vezes ela mexe na forma da grafia, o que foi o caso na nossa última reforma ortográfica, em 2009.

Leandro – É polêmico. Amigas feministas, por exemplo, dizem que tirar a letra A e colocar a letra E, como no caso de "todes", está apagando novamente as mulheres da linguagem. Outro ponto é o anglicanismo, porque estamos importando uma discussão que vem de países de língua inglesa, onde "eles" e "elas" são *they*, a mesma palavra, então, não tem essa dificuldade em falar quem é homem, quem é mulher, quem é trans. O que eu faço? Eu procuro substituir palavras. Em vez de dizer: "Todos vocês" ou "Todos os brasileiros", eu procuro falar: "Todas as pessoas", assim tiraria essa predominância do masculino.

C – É uma estratégia conciliadora. Eu confesso que me identifico mais com os argumentos que defendem a possibilidade de usar a linguagem sem gênero. Porque eu entendo que a língua é dinâmica e que, se as pessoas começarem de fato a adotar isso, não haveria uma grande dificuldade para as pessoas incorporarem no dia a dia. Acho até que pensar que isso seja uma dificuldade é subestimar a capacidade de adaptação das pessoas. Por outro lado, não vejo isso se espalhar de maneira massiva pela sociedade ainda, pode ser que aconteça. Sempre vai haver uma norma mais rígida, mais culta da língua, mas sabemos que ela não é a única possibilidade e que, no dia a dia, temos flexibilidade na língua.

Leandro – Leny, você mencionou que os linguistas falam de língua viva, as palavras vão para o dicionário depois do uso, e não o contrário. Agora, as pessoas precisam usar, é isso que a Cássia está dizendo. Por enquanto, são nichos.

> **L** – No termômetro das redes sociais, o Twitter tem 2,1 milhões de postagens com a linguagem neutra. No levantamento da *Veja*, a busca pela expressão "linguagem neutra" no Google cresceu 3.230% em 2021, em relação a 2019. Ou seja, as pessoas estão curiosas. Resta ver se vai cair no gosto popular. Vamos combinar que, se essa questão de discriminação estivesse só no vocabulário,

a situação estaria boa. O que considero desafiador é a conquista do respeito, dos direitos iguais de pessoas de gêneros e orientações diferentes. Esse seria o melhor dos mundos.

C – Para pessoas de todos os gêneros e pessoas que não se identificam com nenhum.

LIDERANÇA FEMININA NA PANDEMIA

Sardenberg – O assunto é mulheres na liderança.

> **Leny** – Uma pesquisa da KPMG, chamada Global Female Leaders Outlook, feita no final de 2020 com 675 executivas de 52 países, sendo 7% delas brasileiras, me surpreendeu. Temos conversado aqui sobre como as mulheres identificam dificuldades, muitas vezes têm problemas para se valorizar, são mais atingidas pela síndrome do impostor. Essa pesquisa trouxe dados diferentes. Mostra que a pandemia acelerou um processo de diversidade de gênero. Ainda está longe do que queremos, mas já coloca as mulheres com mais protagonismo.

Cássia – Parece que a questão da flexibilidade, a possibilidade de você fazer os seus horários ou de trabalhar remotamente ajudou muito as mulheres, né?

> **L** – Sim, Cássia. Notam-se características desse modelo atual de trabalho, que nós todos tivemos de lidar. Além disso, temos conversado sobre a importância da busca por uma liderança mais humanizada. Nós falamos o tanto que a crise fez com que as pessoas se sentissem vulneráveis, fragilizadas, sensíveis. Observamos isso no mundo inteiro. Falamos de líderes do gênero feminino,

como a Jacinda Ardern, da Nova Zelândia, e a Angela Merkel, da Alemanha, que se destacaram por um comportamento que atendeu melhor às necessidades e às demandas das pessoas. Por conta da crise, características consideradas mais femininas passaram a ser muito valorizadas. Para 68% das mulheres, a comunicação com os funcionários melhorou. Outras 68% falaram que agora ficou muito mais fácil contratar talentos, porque, como você pode trabalhar remotamente, dá para encontrar pessoas de talento em vários locais, que não precisam estar fisicamente na empresa. E 98% pretendem fortalecer a comunicação digital. Na questão das condições de trabalho, 52% das mulheres consideram que aumentou o equilíbrio entre a vida pessoal e a vida profissional. Já 48% consideraram muito satisfatória a flexibilidade de tempo, e 34% fizeram referência a uma atmosfera mais positiva, a uma busca de ajuda, a um ambiente de trabalho ao qual as pessoas buscam se associar mesmo. Considerando a questão da crise, 80% das mulheres têm um planejamento estratégico em relação a essa situação, 43% esperam ser promovidas e 57% acreditam que serão sucedidas por outras mulheres nos cargos. Isso é algo que nós não víamos.

C – Tem alguma coisa apontada na pesquisa como não ideal ou que não mudou tanto?

L – Todas consideram que ainda existe muito a ser feito, que o preconceito permanece. Muitas disseram não ter ideia de uma eventual equidade de salários entre elas e os homens, porque não têm acesso a essa informação. Só que já começa a predominar um otimismo maior e uma autoconfiança. As brasileiras se mostraram mais otimistas que as líderes de outros países, por sinal. Esse ganho da consciência das próprias qualidades e do direito de colher os frutos do que fazem também foi algo que surgiu bastante. Quando chamadas a se justificarem em relação a isso, elas diziam saber que se preparavam mais academicamente. Desse grupo, 80% das mulheres tinham pós-graduação. Elas afirmam que enfrentaram a crise com agilidade, flexibilidade e inteligência criativa. Antes não havia essa consciência. E se mostram muito abertas para os desafios do mercado global, focando a inovação.

IDOSOS NO MERCADO DE TRABALHO

Sardenberg – Tem lugar no mercado de trabalho para os idosos?

Leny – A Organização Mundial de Saúde fala que idoso é aquele acima de 60 anos de idade. O IBGE tem trazido uma expectativa de vida, na média, de 76 anos. Existe uma projeção para 2060 de que, pela primeira vez, teremos mais idosos do que jovens no mundo. A pessoa com mais de 60 anos normalmente tem duas razões para querer voltar ao mercado de trabalho. A primeira é a necessidade material, pois a aposentadoria nem sempre é suficiente. Muitas vezes, precisa auxiliar na criação dos netos, os planos de saúde ficam mais caros. E tem as questões psicossociais. É muito interessante se sentir útil, ter um propósito.

Dados mais recentes mostram que o idoso está demorando cada vez mais para sair do mercado de trabalho, está se aposentando cada vez mais tarde, e grande parte deles volta com muita frequência. Há vantagens nessa volta, tanto para a empresa quanto para o profissional. Para o profissional: o relacionamento pessoal melhora, porque ele passa a ter contato com pessoas diferentes, e isso é sempre muito rico. Os relacionamentos melhoram a comunicação, a maneira de ele se sentir, de uma forma geral. Tem uma rotina. Quando se fica com mais tempo livre, às vezes não se organiza e faz menos, perde oportunidades. Eleva o sentimento de amor-próprio, de mais propósito. E tem um ganho importante em termos cognitivos, de raciocínio, de memória.

A empresa também tem vantagens com a diversidade. Os jovens têm características positivas e outras que, às vezes, deixam a desejar. Por exemplo, a ansiedade de querer tudo para ontem, a falta de vínculo com o local e com as pessoas. A pessoa acima de 60 anos tem uma característica de personalidade que compõe muito bem com jovens. Normalmente, quando a pessoa idosa tem uma oportunidade de voltar ao mercado, ela quer muito acertar. Ela se sente feliz, privilegiada, e traz para empresa a maturidade, a qualificação, a ponderação, e isso contribui muito para o crescimento do negócio.

Leandro – Há pessoas que não têm uma formação e fica mais difícil ainda procurar um trabalho, até mesmo ter uma ideia do que fazer. Você falou de relação pessoal, talvez seja um caminho, não é? Procurar amigos antigos, o famoso *networking*. Talvez encontre uma oportunidade aí.

L – Essa é uma das dicas. A pessoa tem que estar antenada, atualizada. E isso vale para qualquer profissional. Até um jovem estagiário tem que se preparar, se atualizar com as diferentes demandas. Segunda dica: estudar o mercado em que se quer entrar. Analisar as características que podem ser colocadas a serviço desse mercado e quais são as características que faltam. E buscar compensar isso, por meio de cursos, palestras, de centros de inovação. É uma postura proativa. A questão que o Leandro traz do *networking* é fundamental. É importante criar uma rede de pessoas, trocar ideias, falar da vontade de reingressar no mercado de trabalho. E as redes sociais podem ser uma ferramenta muito útil para isso.

DESRESPEITO COM AS MULHERES

Cássia – A Leny tem informações de um estudo sobre a voz das mulheres na Faculdade de Direito da Universidade de São Paulo. Parece que detectaram que essa voz não estava sendo escutada e tomaram algumas medidas para alterar essa realidade.

Leny – É uma coisa muito importante de ser percebida. Porque muitas vezes está nas entrelinhas, não é algo explícito. E, quando é mais subjetivo, há maior dificuldade de combater. A pesquisa foi feita pela professora Sheila Cerezetti e duas pós-graduandas do curso. Elas observaram, por quatro meses, aulas, seminários e entrevistaram estudantes desses cursos. O que elas identificaram? Primeiro, as alunas participam muito menos das aulas do que os alunos. Houve sexismo e desrespeito mesmo, explícito, no momento da participação, inclusive, de alunos com professoras. Aliás, professoras lá são minoria. O curso tem 152 docentes, 126 são homens (83%), só 17% do corpo docente é composto por professoras. Elas perceberam que os exemplos usados na sala de aula pelos professores, em geral, quando positivos, são de homens. O provedor, a pessoa responsável e por aí vai. Enquanto, para os exemplos negativos – aquela que queria tirar a vantagem etc. –, geralmente colocam personagens femininas. Perceberam que as alunas são muito mais interrompidas do que os alunos quando querem fazer algum tipo de participação na aula. E publicaram um livro contando isso: *Interações de gênero nas salas de aula da Faculdade de Direito da USP: um currículo oculto?*

Sardenberg – E você estava falando que são 152 professores, 126 homens. E no corpo discente?

> **L** – As mulheres representam 40% do curso. Se você considerar o Direito, de maneira geral no país, tem uma ocorrência de 49% de mulheres fazendo o curso. Na São Francisco, são 40%.

S – É meio a meio, praticamente?

> **L** – Exato, mas as falas e ações dos homens são mais respeitadas e valorizadas. No caso da USP, eles propuseram ações para lidar com esse tipo de situação. Por exemplo, eles observaram que esse corpo docente com mais homens poderia ter relação com o fato de que mulheres, quando terminam a pós-graduação, o mestrado, o doutorado, geralmente estão em idade de ter filhos. E, às vezes, isso atrapalhava. Então, uma medida que a faculdade começou a considerar foi que, quando tivesse uma candidata grávida, essa vaga poderia ser congelada por até um ano. É claro que vai facilitar. Eles criaram uma ouvidoria para questões de gênero, uma disciplina optativa, ou seja, as pessoas conscientes começaram a buscar mais ações e formas de lidar.

C – A mulher é encorajada a ficar quietinha desde sempre. Quem nunca ouviu: "A menina é boazinha porque é quietinha", ou seja, não se manifesta? Não é de se estranhar que em bancos universitários, às vezes, as mulheres tenham dificuldade em expressar a própria voz.

S – Esse é um padrão que se verifica em estudos. Se você pega uma grande companhia, na base: metade homem e metade mulher. Gerência média: 70% homem a 30% mulher. Gerência superior: 80% homem, 20% mulher. Direção: 90% homens. São raras as mulheres que chegam lá na ponta. O mesmo acontece na faculdade: 40% de alunas e 17% de professoras.

L – Muito bem observado. A grande busca é entender que uma comunicação assertiva, clara, favorece esse empoderamento. Então, vale o cuidado dos homens de começar a olhar essa questão com mais respeito. As mulheres precisam se instrumentalizar para, além de serem muito boas, serem capazes de se comunicar, para que mostrem essa capacitação, essa habilidade para interagir, discutir e participar efetivamente.

C – São muito comuns situações em que homens interrompem mulheres. O que começa a acontecer agora? Outra mulher presencia isso e valoriza o discurso da mulher. "João, espera um minuto, a Maria estava concluindo uma ideia…" Porque, assim, você corta esse ciclo de interrupção masculina. E até o nível de confiança é menor. Mulheres com educação mais sólida do que homens demonstravam confiança inferior à dos homens.

L – Ou seja, temos que trabalhar essa autoconfiança e nos preparar bem.

A POUCA CONFIANÇA TRANSPARECE

Cássia – O Fórum Empreendedoras, em São Paulo, fez a pesquisa "Empreendedorismo no Brasil 2019: um recorde de gênero nos negócios". Eu queria pegar o tópico sobre a confiança entre homens e mulheres empreendedores. O que essa pesquisa traz em relação ao grau de escolaridade e à confiança dos empresários e das empresárias?

Leny – A formação dos empreendedores traz um dado curioso: 37,5% das mulheres empreendedoras têm pós-graduação *versus* 15% dos homens. Então, é um público sofisticado, do ponto de vista da formação, porém, quando se compara o nível de confiança de empreendedores homens e mulheres, existe uma baita diferença. As mulheres se autodenominam confiantes em 35% dos casos, enquanto os homens, em 50% deles. Teoricamente, uma incoerência, elas são mais bem formadas, do ponto de vista do preparo, de estudo, porém, se sentem menos confiantes. Isso se manifesta numa outra parte da pesquisa: 70% dos empreendedores são os únicos responsáveis pelas decisões sobre gestão financeira e acesso a crédito. Desses, 28% das mulheres se colocam como confiantes para tomar esse tipo de decisão, enquanto os homens são 47%. Lembrando que autoconfiança é um parâmetro interno, inclusive, na pesquisa foi um padrão autorreferido. Ou seja, cada um dizia se se achava confiante ou não. Essa sensação de menos confiança transparece nas atitudes, no comportamento, que gera a percepção.

Eu elegi alguns pontos relacionados aos recursos da comunicação para refletirmos. O ponto de vista verbal tem a ver com escolha das palavras, de expressões e com o modo como as pessoas organizam as frases. Existem algumas expressões que escancaram essa insegurança. A campeã delas é: "Eu acho que". E coisas do tipo: "Talvez", "Parece", "Quem sabe você pode fazer tal coisa". São formas que denunciam uma falta de confiança do falante e geram reações de pouca colaboração. Porque o outro vai pensar: "Ah, não estou sentindo firmeza".

C – Aliás, quem nunca viu uma situação na empresa, numa reunião, em que alguém começa falando: "Eu acho" e o interlocutor responde imediatamente com: "Ah, você acha?"

L – Ou seja, desmerecendo mesmo, porque é uma expressão que revela pouca confiança no que vai ser dito. Hoje, as pessoas têm milhares de estímulos e muitas coisas na cabeça ao mesmo tempo. É uma baita competição para deter a atenção. Se eu lhe apresentar algo que pode ser de menor valia, você não vai nem se ocupar de escutar. Não à toa, mulheres são muito mais interrompidas do que homens nas situações de comunicação. Considerando o não verbal, é comum que mulheres, quando vão se dirigir ao outro, muitas vezes desviem o olhar. O tronco precisa ser direcionado para quem eu estou falando, para deixar claro que estou me referindo a ele. Devemos buscar uma postura de abertura corporal. Há mulheres que falam encolhidas, demonstrando uma postura de mais fragilidade, de menos segurança, o que vai gerar desconfiança no interlocutor.

Finalmente, no aspecto vocal, a forma de produzir a voz e a fala pode acontecer de maneira mais abafada. Uma voz mais miúda, mais encolhida, demonstra menos vitalidade, menos envolvimento. Muitas vezes, numa situação de insegurança, a articulação fica prejudicada. Em vez de falar: "É importante que você faça isso!", falamos: *"importan que cê façisso"*. Vai gerar preguiça no outro e falta de vontade de colaborar. Esse é um alerta, em qualquer área de atuação, não só no empreendedorismo. Em qualquer situação profissional e pessoal, é importante ter uma postura proativa na comunicação.

COMUNICAÇÃO COM CRIANÇAS

Sardenberg – Qual a melhor forma de se comunicar com as crianças?

Leny – Conceitos de comunicação com a criançada precisam ser muito bem observados, porque o adulto tem a capacidade de ler nas entrelinhas, de perceber o comportamento, enquanto a criança é mais objetiva, mais concreta. Com a pandemia, as crianças ficaram muito tempo em casa; o tempo de escola, que era o de socialização, acabou não acontecendo. Houve uma diminuição na exposição social. Várias pesquisas e estudos mostram como isso foi impactante. Nosso cérebro é social, e é fundamental que a criança tenha a experiência de estar em contato com outras pessoas. Eu li um artigo norte-americano sobre como nos EUA as crianças estão com uma dificuldade imensa de criar empatia. Com o contato prejudicado, ficou mais difícil o desenvolvimento dessa característica. Eles estão até colocando a empatia no currículo das escolas como uma disciplina para ser treinada, a ser ensinada. Quando falamos da comunicação para a criança, a grande busca é pela simplicidade. Precisamos ser capazes de traduzir conceitos para que as crianças entendam de forma clara e imediata. E tem um segundo ponto, que considero um grande desafio: a criança aprende muito mais pelo modelo, pelo exemplo, do que pelo discurso. Não adianta ter um blá-blá-blá se o discurso estiver dissociado do comportamento da mãe, do pai, das pessoas que cuidam da criança.

S – Quando eu era criança, o que me diziam era: "Responde só o que te perguntarem, não fica espichando o assunto". É isso mesmo?

L – Isso mesmo. As crianças são muito curiosas. Só que, às vezes, elas falam sobre temas ou sobre questões que são mais complexas, e a família tem dificuldade de lidar. O cuidado é entregar de forma muito simples e direta exatamente o que foi perguntado. Às vezes a criança não tem maturidade para entender uma explicação mais ampla, nem está interessada em ter todo o embasamento. Se ela tiver interesse em se aprofundar, vai perguntar. Também é interessante dar exemplos. Falar sobre como aquilo que a criança está perguntando pode se aplicar no dia a dia dela. A questão da empatia é importante. Eu encontrei o livro infantil *O educado do Eduardo*, da Maíra Lot Micales, que tem um "guia da gentileza", escrito pela Costanza Pascolato. E ela dá umas dicas ótimas. Primeiro, ela fala da importância do respeito. De ensinarmos a criança a respeitar as pessoas e de se autorrespeitar, além de exigir o respeito do outro. Ou seja, a busca pela consideração mútua.

S – Dá um exemplo.

L – Ela está com um brinquedo e, de repente, chega outra criança que quer pegar aquele brinquedo. Ela não pode aceitar que a outra criança arranque o brinquedo da mão dela. Isso é falta de respeito com ela própria. Mas ela pode negociar com a criança. "Você gostou do meu brinquedo? Eu te empresto e daqui a pouco você me devolve." É uma maneira de respeitar o outro e garantir o autorrespeito.

S – A criança entregar um brinquedo é um ato de sacrifício.

Cássia – Quando a gente vê duas crianças brincando e, às vezes, uma delas é nosso filho ou nosso sobrinho, se outra criança pega o brinquedo, nosso primeiro impulso é dizer: "Divide com o coleguinha", mas, às vezes, o coleguinha chegou chegando.

L – Por isso que eu entendo que essa parte de respeitar o outro, mas exigir respeito também é importante. É uma via de mão dupla que precisa ser trabalhada com as crianças.

S – A reação natural da criança é avançar e pegar de volta. A não ser que seja muito tímida.

L – É um ponto delicado. A criança é egoísta porque percebe que é o centro das atenções. Se a família estimula esse comportamento, está criando um egoísta, que depois vai ter dificuldade de interagir com as pessoas. Muitas famílias têm um número menor de filhos ou filho único, e esse cuidado é ainda maior. Então, é fundamental cultivar a importância de dividir, de interagir, mas sempre respeitando o direito que a criança tem nesse momento. E, voltando ao livro, ela sugere as palavrinhas mágicas: "Obrigado", "Dá licença", "Por favor", "Desculpe", mas chama a atenção para a importância de a criança desenvolver a gratidão, o reconhecimento pelas coisas que o outro faz. Ela observa que é comum que as crianças tenham comportamentos de birra, descontentamento, manha ou pirraça. Nesse momento, a tendência dos pais é de serem reativos, gritarem ou falarem alto com a criança. E ela coloca que é importante, por conta até do modelo, que a família consiga orientar com calma e paciência.

S – Mas com firmeza, né?

L – Exatamente. Ser firme e suave. É a assertividade generosa, que tem de ser reforçada no dia a dia, nos comportamentos, nas oportunidades que a criança tem para se relacionar. Então, muita persistência e, claro, muito afeto. Se a criança é tratada assim, ela consegue se desenvolver dessa forma também.

C – Por que a gente acharia legítimo perder a paciência e gritar com uma criança se, no mundo dos adultos, do trabalho, a gente jamais teria esse comportamento? Tem gente que perde a noção com criança e acha que é normal. E a gente ouve: "Ah, mas aconteceu comigo quando eu era criança e olha, eu estou ótima hoje, não tem problema". Tem problema, sim.

L – Existem distorções. No nosso meio social, no trabalho, buscamos ser polidos, educados. Por que não somos assim em casa, justamente com as pessoas que mais amamos? Essa falta de cuidado traz consequências ruins e, se a criança está identificando modelo, comportamento, nosso olhar tem de ser ainda mais cuidadoso, para que o nosso discurso esteja alinhado com o nosso comportamento. Não adianta falar para a criança não mentir e, por exemplo, quando alguém liga para casa, dizer: "Fala que eu não estou".

S – Quando a criança está com birra, criando caso, é muito difícil, porque se você fala sem gritar, ela às vezes não está nem aí.

L – Aí você tem de atrair a atenção dela. Vale você se aproximar, segurar pelo braço para ela te olhar no olho, e falar de modo firme, mas sem agressividade.

GERASCOFOBIA

Cássia – A gente sempre ouviu falar do medo do envelhecimento no que se refere à saúde ou à questão da aparência. Na questão profissional isso também está virando um fenômeno?

Leny – Tem um termo para isso, que é "gerascofobia". Foi proposto pela Royal Society for Public Health para o medo irracional de envelhecer, e que gera ansiedade e maior risco de depressão e estresse. Ou seja, os jovens estão preocupados com essa fase da vida e vendo essa situação com muito pessimismo, entendendo que vão perder oportunidades de se desenvolver. Uma pesquisa do Instituto Qualibest descobriu que nove entre cada dez brasileiros têm receio de envelhecer.

Continua muito forte também o receio em relação à questão da imagem, da saúde e do bem-estar. Numa outra pesquisa da Flawless, 60% dos jovens adultos acreditam que as redes sociais e as mídias contribuem muito para que haja essa paranoia ou esse medo em relação ao envelhecimento. Essa fobia começa a se desenvolver por volta dos 30 anos de idade, segundo os pesquisadores. É uma fase de início de alguns sinais, ruguinhas, uma mudança na elasticidade da pele, da musculatura, e é um fenômeno natural. Só não passa por isso quem morre antes. Isso acontece com a pele, os ossos, o cérebro, a voz.

C – O que me chamou a atenção numa dessas pesquisas é que as pessoas que têm esse medo acreditam que redes sociais podem influenciar nesse processo. Vale a recomendação de fazer certa curadoria nas nossas redes, porque às vezes a gente segue pessoas que apresentam alguma coisa muito difícil de ser alcançada, ou se colocando de uma maneira que não é real. A gente olha esses exemplos e pode pensar: "Puxa, eu não sou assim, eu sou muito ruim".

L – Essa curadoria é muito importante. Estamos expostos a uma quantidade imensa de estímulos. Precisamos ter critério para ver o que nos interessa efetivamente. E sabemos que existe muitas *fake news*. Não só informações erradas, como também imagens manipuladas.

C – E aquela imagem, aquele vídeo, é uma fraçãozinha do dia da pessoa. Foi preparada, editada.

L – E quando a gente olha para as causas, primeiro é o preconceito etário. De forma geral, as pessoas desvalorizam o indivíduo que tem mais idade, em detrimento até de uma valorização da experiência, da maturidade, do conhecimento acumulado. Outro ponto tem a ver com as incertezas relacionadas ao mercado de trabalho. À medida que a pessoa vai ficando mais velha – apesar de vermos hoje o início de uma valorização maior, de uma busca por colocar essas pessoas em contato com os mais jovens dentro das empresas –, sabemos que ainda é algo limitado, em termos de oportunidade. Outro ponto é que pessoas que estão na faixa de 40, 50, 60 anos são aquelas que, em busca daquela ideologia de liberdade, educaram os filhos para uma liberdade excessiva, vamos dizer assim, que faz com que eles deixem de respeitar os mais velhos. Então, aquela coisa que nós tínhamos antes, do respeito, do cuidado, da educação, hoje vemos que o jovem não tem isso desenvolvido como uma orientação de educação.

O marketing é cruel, de uma forma geral, em relação a isso. Porque, quando vemos pessoas mais idosas fazendo propaganda, elas parecem jovenzinhas. É o vovô de 80 anos que pulou de paraquedas. É uma valorização da juventude. Eu quero chamar a atenção das pessoas que estão nessa *vibe* para a importância de entender que, já que a rede social pode gerar algum tipo de preocupação, temos que direcionar essa preocupação para plantar sementinhas para ter uma velhice melhor. Então, cuidar da saúde, buscar uma independência financeira planejada, manter contato com as pessoas. O isolamento é muito complicado. Muitas vezes a pessoa mais idosa se isola por problemas auditivos, de locomoção, e sabemos que a fala é terapêutica. Quando temos oportunidade de falar com as pessoas, de trocar ideias, isso melhora inclusive a nossa saúde mental. Muitas vezes, por conta das características de uma velhice descuidada, há o risco de a pessoa ficar isolada e aumentar a probabilidade de ter uma questão de saúde mental mais relevante. Então, vale o cuidado de voltar a nossa atenção para isso e não para o medo, que não vai nos levar a lugar algum.

DIÁLOGOS COM ADOLESCENTES

Sardenberg – Como ajudar na comunicação com adolescentes?

Leny – A comunicação é tão relevante na nossa vida que deveria ser parte do currículo escolar. Na nossa vida adulta, em especial, temos de nos expor o tempo todo. Muita coisa envolve comunicação. E é um desafio. Somos pessoas diferentes, com valores, crenças diferentes, e temos de nos fazer entender. Infelizmente, a rotina de comportamento que temos observado nas famílias, de modo geral, dificulta muito esse processo. É comum ver as famílias conversando cada vez menos. Vemos adolescentes que têm o quarto todo equipado, com computador, celular, e acabam se isolando e, consequentemente, interagindo menos com a família. A comunicação sofre esse impacto. Aprendemos a nos comunicar primeiro pelo modelo, pois ninguém nasceu falando. E, segundo, quando existe um propósito. Se estou em casa, perto dos meus filhos, estabelecendo um vínculo, procurando saber da vida deles, eu favoreço esse treino. Quando isso não acontece, a tendência é esse adolescente se isolar, interagir às vezes com a máquina, às vezes com amigos virtuais, que não oferecem a mesma possibilidade. É importante que as famílias identifiquem a importância de desenvolver essa inteligência.

S – Se as crianças e os adolescentes passam muito tempo em computadores, em redes sociais, é um campo fértil para factoides, para *fake news*.

L – Sim. Existe muita desinformação. E muitos adolescentes se baseiam em coisas que não são fatos, às vezes são opiniões. Hoje qualquer pessoa pode entrar numa rede social e falar o que quiser. E se estamos lidando com crianças e adolescentes que ainda não têm bagagem suficiente para ter um pensamento crítico, isso é bastante perigoso. Para dar algumas dicas, eu separei o livro da fonoaudióloga Maria Lucia Torres, *Seu filho pode se comunicar melhor*. Ela desenvolveu um método para trabalhar com adolescentes. Tem um pesquisador, o Howard Gardner, que classificou sete tipos de inteligência: linguística; lógico-matemática; espacial; corporal-cinestésica; musical; interpessoal; e intrapessoal. Depois de um tempo, propuseram mais duas: a existencialista e a naturalista.

Quando consideramos a comunicação, são três as que precisam ser estimuladas. A primeira é a linguística. Aqui, estamos lidando com a sensibilidade para a percepção dos sons, do ritmo, é a capacidade de usar bem as palavras. A segunda inteligência é a interpessoal. Tem a ver com a capacidade de perceber e distinguir, por exemplo, estados de humor, de intenção, de sentimento do outro. Com a comunicação on-line, virtual, os jovens estão perdendo a capacidade de empatia. Até por falarmos com máquinas e de uma forma impositiva, perdemos essa coisa da gentileza, a capacidade de ver como o outro está recebendo aquela informação. Nesse tipo de inteligência interpessoal, a busca é por um maior desenvolvimento da empatia. A terceira inteligência é a intrapessoal, que tem a ver com o autoconhecimento, a capacidade de identificar os nossos pontos fortes e de cuidado. Entra também a busca por agirmos de forma adaptativa. Então, já que queremos desenvolver a nossa comunicação, temos que criar rotinas para conversar muito com esses adolescentes. Às vezes, o filho chega e a mãe ou o pai pergunta: "E aí, tudo bem na escola?" É como se a pessoa perguntasse só por perguntar. O outro tende a responder: "Ah, tudo bem". Falta o interesse genuíno de saber o que está se passando com o filho.

Quando fazemos perguntas mais diretas e objetivas, a tendência é que a resposta seja mais curta. "E aí, Sardenberg, foi tudo bem na CBN?", a tendência é que você me responda:

"Foi". Mas se eu te perguntar: "Sardenberg, como foi hoje o CBN *Brasil*? O que você destaca e o que você achou que não foi tão legal?", certamente eu terei respostas mais amplas e isso vai gerar uma conversa maior. Outra sugestão é demonstrar interesse naquilo que o outro está falando. Isso pressupõe que o pai ou a mãe pare de fazer aquilo que está fazendo, se volte para o filho, olhe, direcione o tronco e realmente escute com atenção. Outro ponto é deixar claro para esses jovens que a comunicação é um desafio. Porque somos pessoas muito diferentes, e é desafiador transmitir uma ideia, um conceito, uma opinião. Como o adolescente gosta de ser desafiado, isso pode ser um estímulo. Por exemplo: "Puxa, filho, quer dizer que é complicado falar com aquela professora? Vamos ter isso como um desafio? Como vamos nos organizar para você se fazer entender por ela?" Outra sugestão é estimular o vocabulário. A leitura é fundamental para desenvolver vocabulário, mas, infelizmente, está diminuindo. Eles até leem nas redes sociais.

S – Mas não é ler tudo resumido, aos pedaços.

Cássia – E tem também outra coisa, para pais e mães: seu filho vê você lendo? Porque tem pai e mãe que querem que o filho leia, mas nunca estão lendo. Aí fica difícil.

L – Porque somos modelos para eles.

S – Nesse esforço para criar empatia, algo que eu tomei conhecimento é praticar esporte. A criança pode entrar num time, treinar, e não só ficar jogando na tela.

C – Jogo físico e coletivo.

S – Exatamente. No esporte coletivo, a criança sai de casa, encontra todo mundo, treina. E um depende do outro, isso tem uma influência muito grande.

L – Isso gera vontade de interagir. Porque, em comunicação, a gente aprende muito nesse processo. Vale muito a pena.

DIVERSIDADE NA PRÁTICA

Sardenberg – Como verificar, na prática, se uma empresa está de fato mais diversa e inclusiva?

Leny – As empresas, de forma geral, estão mobilizadas nessa direção. Várias empresas estão buscando implementar ações, porque sabem que está todo mundo olhando para isso neste momento. Muitas pesquisas, de um tempo para cá, mostram que hoje é diferente de como era antes. Antigamente, as pessoas baseavam as escolhas por uma determinada empresa por conta do preço, iam no custo mais barato para adquirir aquele produto, aquele serviço. Passou um tempo e começou-se a valorizar mais a questão da qualidade, o preço já não era o fator mais determinante. Hoje, o que chama muito a atenção é que os consumidores buscam comprar de empresas que tenham valores, princípios e propósitos semelhantes aos deles. Então, essa questão da diversidade, da equidade, da inclusão e do pertencimento é algo que chama bastante a atenção das pessoas, porque está muito alinhado com a busca desse momento que nós estamos vivendo, de uma humanização muito grande dos relacionamentos e das relações de trabalho, inclusive. Tem muita gente voltada para desenvolver isso, só que ainda existe uma grande discrepância entre o que a empresa propõe e fala a respeito e aquilo que os funcionários veem.

Uma pesquisa postada pelo jornalista Renato Krausz no site da revista *Exame* mostra um *gap* entre o que os líderes de RH e os demais funcionários observam no dia a dia. A pesquisa ouviu 122 líderes e liderados, e os números mostram que 97% dos líderes consideram que as empresas fizeram mudanças importantes para melhorar a questão da diversidade, da equidade e da inclusão. Porém, só 37% dos funcionários concordam com isso. Outro dado mostra que 65% dos líderes acham que a companhia se preocupa com o bem-estar dos funcionários, mas só 24% dos funcionários concordam com isso. Então, tem uma discrepância. Quando falamos desse tópico da diversidade, da equidade, da inclusão e do pertencimento, estamos falando do braço S da sigla ESG. O E fala de meio ambiente, de sustentabilidade, e o G é de governança, que envolve essa relação com os funcionários.

Cássia – Sabe o que está faltando para esses líderes que responderam à pesquisa? Fazer um teste muito simples, criado pelo Geledés, Instituto da Mulher Negra, justamente para discutir a existência de preconceito racial na nossa sociedade. Chamaram de teste do pescoço. Você está num ambiente considerado elitista, num ambiente cultural, levanta o pescoço e gira para ver quantas pessoas negras estão ali usufruindo daquele espetáculo, por exemplo, e que não sejam pessoas que estejam trabalhando ali. Aí você vai perceber se tem diversidade ou não no ambiente. E serve não só em relação à diversidade de raça, mas também de gênero e de idade.

S – A pesquisa é devastadora.

L – Parece que as pessoas estão habitando ambientes diferentes. Outro ponto a ser levado em conta é que falar de diversidade é, de repente, contratar mais pessoas diferentes. Só que, muito além da diversidade, existe a questão da inclusão, que é fazer com que aquela pessoa se sinta efetivamente pertencendo àquele ambiente. Às vezes, pode até ser que as empresas tenham um número maior de pessoas diversas, só que se essas pessoas não têm protagonismo, não têm um espaço para se colocar, isso não é inclusão. É diversidade só no papel. E claro que está tendo uma falha de comunicação, porque, se existem percepções tão diversas, as pessoas estão se comunicando mal.

O autor de uma pesquisa publicada na *Harvard Business Review* enumerou dez estratégias que os líderes deveriam adotar para chegar a um patamar elevado de diversidade, inclusão e pertencimento. Eu separei duas. A primeira diz que o líder deve tomar medidas para aumentar a justiça no momento das contratações. Já falamos aqui sobre vários vieses, alguns conscientes, alguns inconscientes, que os líderes tendem a privilegiar o homem, a pessoa mais jovem e por aí vai. Eles sugerem que os candidatos sejam anônimos, que os líderes tenham acesso ao histórico, à formação, às características, mas sem saber se é um homem ou uma mulher, branco ou negro, mais velho ou mais novo. Seria uma avaliação às cegas, vamos dizer assim. E, a segunda, deveria haver uma padronização das perguntas para os entrevistados. Como existe essa questão do viés inconsciente, de olhar para o candidato e pensar: "Opa, não sei se esse vai atender bem", as perguntas fazem com que alguns sejam privilegiados, e outros, prejudicados.

E há ainda a sugestão de envolver gerentes nesse processo. Quando a gente pensa no diretor de RH, por exemplo, o contato desse líder com o subordinado é pequeno. A linha de frente é justamente o gerente. A sugestão é que eles sejam capacitados para essa questão da inclusão, entendam ações que possam fazer, que sejam treinados para falar sobre diversidade, inclusão, equidade e pertencimento. E que sejam incentivados a verificar regularmente o bem-estar dos funcionários. Não costuma ser uma atribuição de gerente, então, é uma ideia bem inovadora. Mais duas sugestões: a busca por uma comunicação na empresa que seja efetiva e afetiva. Efetiva na medida em que é clara e transmite as informações de forma transparente. E afetiva na medida em que a pessoa consegue demonstrar o seu desejo genuíno de se aproximar do outro, de trocar informações, sentimentos, emoções. É importante afinar demandas e expectativas das pessoas, para elas saberem por que a empresa está fazendo aquilo, o que ela busca com aquela forma de atuação. As empresas precisam buscar duas palavras mágicas: coerência e consistência. A coerência tem a ver com o discurso estar absolutamente afinado com a prática. Então, é aquilo que eu digo e a forma como me comporto. Isso é coerência. A consistência é a repetição daquele padrão, é tornar aquilo algo habitual.

CONVIVÊNCIA INTERGERACIONAL

Sardenberg – A relação próxima de idosos com gerações mais novas é positiva?

Leny – É um desafio, mas o contato entre pessoas de gerações diferentes é extremamente rico para os dois lados. Uma pesquisa notou que as pessoas que têm mais de 70 anos e convivem com pessoas mais jovens – e sugerem aqui uma diferença de pelo menos duas décadas – revelam alto nível de satisfação com a vida. E esse número é três vezes maior do que as pessoas que convivem com indivíduos da mesma geração.

S – Comprovo.

L – Eu dei aula durante muitos anos, de forma regular, hoje com bastante frequência também, e esse convívio com as outras gerações é muito rico. A gente fica sempre motivado a aprender, a fazer mais. As pesquisas mostram, primeiro, que o idoso tem maior acesso e exposição à tecnologia, o que, para as gerações mais velhas, era algo muito novo e diferente. Os jovens fazem isso com muita tranquilidade. Segundo, a conexão é maior com os temas atuais. É como se eles nos informassem sobre coisas interessantes que acontecem nesse universo ao qual não temos tanto acesso. E, ainda por cima, a pessoa mais velha ganha um senso de propósito maior quando transmite o seu conhecimento e a sua sabedoria. Para o jovem, ajuda a controlar o medo de envelhecer. É muito curioso, as gerações mais jovens pensam nisso com muita preocupação. Eu não me lembro, quando eu era adolescente, de pensar sobre isso. Os estudos mostram que os indivíduos jovens dessa geração atual pensam muito e se preocupam bastante com isso. Quando eles convivem com uma pessoa mais velha, conseguem perceber que é um período no qual a autonomia, as realizações continuam acontecendo, e isso os ajuda a se sentirem melhores e mais tranquilos em relação a esse período.

Outro ponto importante é que a pessoa mais velha ajuda o jovem a relativizar a gravidade dos problemas. Às vezes, acontece alguma decepção, algo que o jovem está buscando e ainda não conseguiu e parece uma tragédia, o fim do mundo. É importante aprender a construir relações mais densas e menos superficiais. Porque hoje, com o acesso às redes sociais, com essa vida na internet, o jovem acaba estabelecendo relacionamentos com muita gente, só que todos muito superficiais. No momento em que interage com uma pessoa mais velha, ele começa a entender o que é um relacionamento mais sólido. E tem outro ponto: quebrar barreiras de idade suaviza a questão da solidão. Pessoas que se relacionam com grupos geracionais diferentes acabam se sentindo muito melhor em relação a isso. Uma em cada três pessoas no mundo afirma se sentir isolada.

Cássia – Independentemente de idade?

L – Sim. No Brasil, esse índice sobe para 50%, segundo dados de pesquisas do Instituto Ipsos. Então, 50% dos brasileiros têm essa sensação de estarem isolados, solitários. E essa porcentagem atinge muito mais os jovens. Hoje há muito mais jovens no Brasil dizendo que se sentem solitários do que as pessoas mais velhas. Me surpreendeu muito esse dado.

S – Eu tenho 54 anos de profissão. É muito estimulante conviver com uma redação como esta aqui da CBN, que é muito jovem, moderna, dona de tecnologia, de *expertise* etc. O que me deixa aborrecido é encontrar antigos colegas e começa aquela conversa: "Ah, no nosso tempo...", "Ah, porque o jornalista de hoje..." Os jornalistas de hoje são muito melhores. Têm muito mais instrumento à disposição, têm a cabeça mais aberta, o ambiente nas redações é mais saudável do que era antes. Essa geração atual é muito boa de conviver!

L – Isso bate com os dados da pesquisa, e pode ter certeza de que isso que você sente de tão positivo também é percebido por parte deles. Certamente, para os jovens, ter acesso a tudo aquilo que você conhece, à sua experiência, à sua maturidade, ao seu profissionalismo é algo que inspira muito. E, só para a gente fechar, tem a questão do idadismo ou do etarismo, que é um preconceito, uma bobagem, como a gente está vendo. Nos EUA foram criadas casas com duas gerações convivendo, numa relação mútua de ajuda. A pessoa idosa ganha um suporte melhor para as coisas de que ela necessita, enquanto os jovens ganham alguém que pode ajudar a lidar com as coisas, a cuidar das crianças etc. E para os leitores as dicas são: abertura para o diferente, acolher outros valores, outros princípios para essa convivência ser boa, e ser bastante claros quanto às necessidades e expectativas, deixar claro o que você espera da pessoa que está convivendo com você, explicitar aquilo que você pode oferecer e, assim, as coisas acabam funcionando muito bem. Os dois lados ganham.

Saúde mental

QUIET QUITTING

Sardenberg – O que é *quiet quitting*?

> **Leny** – A tradução literal, ajustada no Brasil, é "desistência silenciosa". É fruto de um movimento que está acontecendo, especialmente nos EUA, em que as pessoas cansadas mental e fisicamente buscam o mínimo necessário para a sua entrega no trabalho. É a colocação de alguns limites bem estabelecidos para evitar que as pessoas se cansem, se sintam esgotadas como vem acontecendo. É assim: "Vou entregar o mínimo necessário para parecer que estou fazendo bem a minha parte e pronto, sem excesso, sem passar do meu tempo, sem fazer mais do que o meu cargo exige de mim", e por aí vai.

Cássia – Esse movimento de entregar o que lhe é pedido, nem a mais nem a menos, não é exatamente novo. Mas, de um jeito ou de outro, se começou a falar muito disso.

S – Porque, se a minha função é tal e eu cumpro essa função, OK. Só que, na verdade, é fazer menos, né?

L – Acaba sendo fazer menos. Por quê? Porque essa questão do cargo, da função é algo que tem uma elasticidade. Especialmente por conta da pandemia, começamos a trabalhar de forma diferente, e houve uma dificuldade para estabelecer limites entre o nosso tempo de trabalho e o nosso tempo de descanso, de off-line. Até porque aumentou demais a incidência de problemas mentais relacionados ao trabalho, *burnout* etc. O que os estudiosos mostram é que essa pandemia trouxe uma geração muito mais introspectiva, muito mais viciada em telas, com problemas de interação social. E também estamos vivendo um momento de muito estímulo ao ativismo. A história do George Floyd, nos EUA, a questão da crise climática, a guerra na Ucrânia. Como nunca, as pessoas estão mobilizadas e sendo cobradas a tomarem posições políticas mesmo. Essa geração acabou identificando que, de algum modo, teria de ajustar a sua maneira de atuar para dar conta do recado. Porque, realmente, as pessoas estão adoecendo. A McKinsey e o Instituto Gallup fizeram uma pesquisa que mostrou que 53% dos trabalhadores em geral no Brasil se sentem esgotados, 46% consideram o trabalho muito estressante e 40% planejam deixar o trabalho nos próximos seis meses. Questionados sobre a razão disso, 57% falam do salário, 51% citam o *burnout*, 45% se queixam da falta de flexibilidade no trabalho e 44% reclamam das solicitações de horas extras, ou seja, de um trabalho que extrapola o combinado período de atuação.

S – É preciso fazer uma ponderação. Nos EUA, no pós-pandemia, houve um fenômeno importante que não acontecia há décadas. Havia mais vagas abertas do que trabalhadores procurando emprego. Duas coisas aconteceram: o pessoal começou a pedir demissão para ir para um emprego melhor, e quem não queria pedir demissão começou a fazer corpo mole.

L – Tanto que esse movimento começou lá, por um vídeo no TikTok, com o Zaid Khan, um engenheiro de 24 anos que propôs essa forma de atuação. Claro, no Brasil é muito diferente. Teoricamente, a vantagem é que as pessoas vão estar mais protegidas física e mentalmente. Existe um alerta para que os líderes deem uma atenção maior aos seus liderados, e que consigam perceber se as equipes estão precisando de algum tipo de ajuda nesse sentido. Agora, tem desvantagens, como o mal-estar que isso pode gerar entre as pessoas da equipe, principalmente em relação aos líderes, que têm lá suas expectativas. Há também uma percepção de menos engajamento. As pessoas estão no trabalho para cumprir suas funções, mas aquelas que fazem algo a mais, que demonstram um interesse, um comprometimento maior, se diferenciam. Normalmente, quando surge uma oportunidade de promoção, acabam sendo mais lembradas. Eu entendo que devemos prestar atenção aos sinais que os trabalhadores estão demonstrando e procurar ajustes. Agora, é muito importante que a pessoa que se sente assim se coloque e tenha a abertura, especialmente em relação aos líderes, de ser ouvida.

S – Há várias coisas ao mesmo tempo. Há pessoas que querem forçar demissão e, na outra ponta, pessoas que, por alguma razão, têm estabilidade e vão levando ali.

L – E aí é grave, porque a pessoa acaba entregando muito menos.

S – Mas o que estamos comentando é sobre as pessoas que se excederam durante a pandemia e buscam algum ajuste.

L – Quando surgiu essa situação, essa modalidade de trabalho remoto, as pessoas ficaram inseguras, tanto os líderes quanto os liderados. Por exemplo: responder a uma mensagem às onze da noite num sábado era algo no sentido de: "Olha só, eu estou aqui, sou útil e importante para você, não estou presencialmente, mas estou fazendo o meu papel". Nós todos ficamos inseguros, inclusive os líderes. De repente, um líder que manda uma mensagem às onze da noite está querendo sinalizar: "Fica esperto, estou de olho". São distorções e exageros que acabam acontecendo nesse processo de adaptação, porque as pessoas saíram daquela situação de conforto a que estavam acostumadas.

C – Há mais um componente no trabalho em casa, no auge da pandemia, no grupo das mulheres com filhos. No período em que as escolas estavam fechadas, essas mulheres não podiam contar com nenhum auxílio profissional em casa, nem de babá nem de diarista. Então, tinham de trabalhar de casa sem perder o ritmo, cuidar dos filhos e monitorar a rotina escolar remota, que foi algo que todo mundo teve de aprender na marra.

S – E se você tinha uma reunião aqui e outra em outro lugar, levava uma hora entre uma reunião e outra. Na pandemia, podia marcar uma atrás da outra, porque era só trocar a chavinha do computador, e aí todo mundo trabalhou demais.

L – Em consultório, eu sempre atendia presencialmente antes da pandemia e acompanhava a pessoa até a porta, às vezes pegava uma água. No on-line, é um atrás do outro, cheguei a me pegar por seis horas sentada, sem sair do lugar. Isso é ruim para a saúde, a gente se movimenta menos. E também há o excesso das reuniões, porque podemos pensar: "Não estou presente, mas tenho de me fazer presente, então, vou convocar a equipe".

Como sugestões finais, precisamos procurar entender, quando a pessoa sente a necessidade de agir dessa maneira, o que está funcionando e o que não está na sua rotina. Às vezes são ajustes simples para melhorar essa condição. Por que você faz mais do que é preciso? Vale a pena se questionar em relação a isso. Se comunicar de maneira efetiva antes de tomar qualquer decisão. Se eu resolvo embarcar nessa e não aviso a minha equipe, as pessoas que me lideram vão se sentir inseguras. Temos que estabelecer os limites mais definidos. "Líder, eu tenho filho pequeno, à noite para mim é mais complicado. Vamos conversar no horário tal?" Priorizar o que importa e, para isso, é fundamental o bom gerenciamento do tempo. E os líderes precisam sair na frente e procurar dar o respaldo necessário para que as pessoas possam se comunicar, e chegar a comportamentos mais saudáveis e interessantes.

AQUELE ABRAÇO

Sardenberg – O tema da Leny é o abraço, nesses tempos de pandemia e pós-pandemia. O abraço, o tocar o outro, é uma coisa bem brasileira. Os estrangeiros até estranham quando a gente se toca, segura no braço. Na pandemia, fomos condenados, no máximo, a um soquinho no lugar do aperto de mão.

Leny – Vários estudos apontam que o estado mental das pessoas está alterado, e certamente a falta do contato físico tem grande impacto nesse resultado. Numa fase inicial da pandemia, a gente percebia mais isso no grupo de pessoas idosas, porque os asilos impediram as visitas, e houve um grande aumento no comportamento de depressão, tristeza e ansiedade por falta desse toque, por falta de abraço. Eu descobri que as culturas, de maneira geral, não costumam utilizar o abraço, porque é uma superprova de confiança. Quando as pessoas não se conhecem ou não têm contato, tendem a evitar mesmo. O abraço foi inventado pelos italianos no início do século XX. Essa é uma informação do escritor e jornalista Mario Prata. E o Dia do Abraço começou porque um australiano, que se dá o pseudônimo de Juan Mann, criou a campanha dos abraços grátis. Ele morava em Sydney, na Austrália, saiu para trabalhar um tempo em Londres e, quando voltou para passar as férias com a família, ficou muito decepcionado, porque ninguém estava esperando por ele no aeroporto. Ele escreveu um cartaz "abraços grátis" e foi para uma avenida de grande movimento. Isso aconteceu em 22 de maio de 2004 e repercutiu.

S – E as pessoas foram pegar o abraço?

L – As pessoas olhavam o cartaz e se propunham a abraçar. Ele deve ter ficado feliz também, porque estava carente de abraço. Mas só virou mundial em 2006, porque a banda Sick Puppies fez um clipe da música *All the same*, em que ele participou e também viralizou muito. O neurologista Marcius Vinícius Correia explica que nosso cérebro tem "sede de pele". No nosso desenvolvimento, quando somos embriões, tanto o sistema nervoso central como o periférico nascem, na embriogênese, na derme, que é uma camada de pele. O cérebro, quando você abraça ou é abraçado, tenta desesperadamente parar o tempo, o coração bate mais forte, a boca sorri em silêncio, e os olhos se fecham, mas as pupilas continuam dilatadas. É um estado de satisfação bastante grande. E não tem contraindicação.

Cássia – A gente percebe o quanto o abraço é importante em crianças. Muitos estudos falam da importância desse toque afetuoso na primeira infância. Quando se comparam crianças que cresceram em ambientes de afeto com crianças que, por algum motivo, foram privadas disso, isso faz uma diferença na vida.

L – Verdade. Inclusive em hospitais, em que crianças precisam ficar muito tempo isoladas ou em tratamento, elas melhoram bastante esse desenvolvimento quando as pessoas do hospital favorecem esse contato mais próximo. Na pandemia, vimos alguns asilos que colocaram um plástico protegendo para não infectar, e as pessoas se abraçavam. E o abraço é uma das nossas formas mais espontâneas de comunicação.

S – Um jornalista inglês aqui no Brasil chegou a comentar o estranhamento quando ele ia entrevistar alguém, autoridades, e, na primeira vez que estava vendo, a pessoa segurava o braço. Ele ficava imaginando o primeiro-ministro da Inglaterra tocando em alguém e levava um susto.

L – Isso tem muito a ver com a cultura. Em outras partes do mundo, grande parte das pessoas tem uma distância protocolar. Segundo um estudo chamado "proxêmica", cada cultura tem uma distância que considera aceitável. Se a gente vai cumprimentar um japonês, existe uma distância de 1,5 metro, e abaixando a cabeça em respeito ao outro. E essa distância vai se encurtando nos países mais latinos. No Brasil, essa distância é a menor. Independentemente da cultura, existem alguns benefícios do abraço. Cinco motivos para a gente abraçar. Primeiro, abraços trazem felicidade. Comprovadamente, o abraço aumenta a secreção de ocitocina, que é um hormônio do bem, e reduz a ansiedade. A segunda vantagem é a redução do estresse, porque o abraço diminui a atividade cerebral em determinadas áreas, e isso dá uma sensação de mais leveza, mais bem-estar. O abraço fortalece a saúde do coração, porque reduz a pressão arterial e melhora a circulação sanguínea. Ajuda a reduzir os medos, porque traz a sensação de segurança, de confiança. Finalmente, favorece a comunicação. O não verbal tem um impacto grande. Às vezes, a gente pode se enganar com a expressão do rosto, se a pessoa quer esconder algo. Mas o calor, o aconchego, a energia da pessoa que você registra num abraço são certeiros. A gente percebe nitidamente quando o abraço é sincero ou quando é mais protocolar.

C – E a gente percebe também aquelas pessoas que não são muito afeitas ao toque. Que você abraça e, no meio, pensa: "Talvez eu tenha me excedido". Ou a pessoa já recua. Precisa ter uma sensibilidade para perceber os limites individuais.

L – Verdade. Porque é algo que a gente sinaliza para o outro. Normalmente, pessoas que têm algum tipo de dificuldade em aceitar um abraço ou em abraçar se sentem menos confiantes, mais desconfiadas das atitudes. Pessoas que, por alguma razão, têm alguma dificuldade maior de se expor, de se abrir para esse contato. Quando eu era criança, sempre tive o hábito de abraçar, de chegar perto das pessoas. Sou muito tátil. Eu tinha uma vizinha que dizia que eu parecia um polvo. Quando a gente se permite, quando olha para o outro e tem afeto, confiança, é muito bom se entregar a um abraço daqueles apertados, gostosos.

S – Quem é que abraça mais no mundo?

L – O brasileiro. Isso é dado estatístico.

GASLIGHTING DE MÉDICOS

Sardenberg – Se uma mulher tem de ir a vários médicos até receber o diagnóstico correto, ela pode estar com algum problema de comunicação?

Leny – Provavelmente ela não errou na comunicação. Está tendo um fenômeno nas redes sociais de mulheres de diferentes locais serem mal ouvidas pelos médicos, que as queixas delas são negligenciadas, minimizadas, questionadas à exaustão. Isso virou matéria da *Folha de S.Paulo*, da *Veja*, os pesquisadores estão usando o termo *gaslighting*, relacionado à manipulação, ao abuso psicológico, que é caracterizado pelo desprezo ou por uma subvalorização de sintomas, quando relatados por mulheres. Isso acontece com médicos e médicas. Historicamente, isso está relacionado ao conceito de que a origem dos males femininos era algo sobrenatural, como se fosse um castigo divino. A medicina estudava muito mais as doenças e a fisiologia no corpo masculino. Era a tradição. Inclusive o termo "histeria", que foi cunhado na Grécia há bastante tempo, faz referência ao útero. Histeria vem "histero", que é útero. Porque eles acreditam que eram problemas mentais relacionados ao fato de a pessoa ter útero.

Cássia – Essa questão de as pesquisas médicas serem realizadas mais com homens do que com mulheres ainda acontece. A gente teve uma conversa com a microbiologista Natalia Pasternak, e ela falou que só recentemente as mulheres passaram a ser incluídas numa situação de paridade em diversos estudos clínicos, o que é uma coisa gravíssima. Em relação à expressão *gaslighting*, vem de um filme da década de 1940 chamado *Gaslight*. Era a história de um casamento, em que o homem queria provar que a mulher estava louca e interná-la para ficar com o dinheiro deles. A luz da casa deles era a gás. Ele fazia essa luz piscar constantemente. Quando ela percebia e falava: "Olha, a luz está piscando", ele dizia: "Não está, não, é coisa da sua cabeça". E ela começou a acreditar que estava louca.

L – Isso mesmo. O filme no Brasil foi chamado de *À meialuz*, e foi lançado em 1944. Uma pesquisa da Universidade do Colorado mostrou que mulheres são diagnosticadas e tratadas pelos médicos de forma diferente da dos homens, mesmo quando têm as mesmas condições de saúde. Há relatos fortíssimos de mulheres que se queixam de mal-estar, de certa tontura, e há médicos que defendem que é algo emocional e, depois de um tempo, descobrem que a pessoa teve microinfartos, que realmente eram problemas físicos. As mulheres enfrentam períodos mais longos para diagnósticos de câncer e de doenças cardíacas, e têm menor probabilidade de receber medicação contra a dor do que os homens. Mulheres têm duas vezes mais probabilidade do que os homens de serem diagnosticadas com doenças mentais, mesmo quando os sintomas são compatíveis com doença cardíaca. As pesquisas mostram que os erros de diagnóstico acontecem em uma a cada sete consultas. Esses erros acontecem muito mais quando a paciente é do gênero feminino. É uma questão muito impactante, é um alerta.

Meu filho é médico e ontem até discuti isso com ele, que falou: "Nossa! Vou ficar muito atento a isso". Porque às vezes um vê o outro fazer. O Leo é formado há pouco tempo, então, ele tinha referência dos professores, das pessoas que orientam. É uma coisa que, às vezes, é passada de um para o outro de forma inconsciente. A sugestão para as pessoas em relação a essa questão da comunicação é, antes da consulta, anotar os sintomas, descrever esses sintomas de maneira bem objetiva, bem específica. É interessante que a mulher conheça o histórico da família, porque muitas dessas condições podem ser observadas no histórico familiar, e é importante que isso seja levado em conta.

S – No caso de homens, ocorre o contrário. É difícil o homem admitir a doença emocional.

L – Exatamente. E tem o estereótipo. O médico vai tentar descobrir alguma coisa que justifique algo que você esteja sentindo. Porque, culturalmente, não é habitual que o homem tenha uma fragilidade emocional. E a mulher é vista com uma fragilidade exagerada, que também não é real.

C – Na coletividade há a ideia de que as mulheres aguentam mais dor do que os homens. E você traz esse dado de que elas têm menos acesso à medicação para dor, o que é um absurdo. Esse tipo de ideia, quando espalhada à exaustão, leva a condutas como essa.

L – Gera esses diagnósticos inadequados.

S – Não tem nenhuma base científica de que as mulheres são mais resilientes à dor, né? Cada um é do seu jeito.

L – Claro, é algo muito pessoal. Agora, é fato que as mulheres normalmente são mais cuidadosas em relação à própria saúde. Procuram mais os médicos, fazem mais consultas, enquanto os homens tendem a fugir mais. Então, talvez fique na cabeça das pessoas que, quando o homem vai procurar, é porque realmente o negócio está feio e esse diagnóstico tem de ser esclarecido. Durante a consulta, é fundamental apresentar informações bem detalhadas sobre o que está sentindo, levar exames quando tiver e questionar se o médico insistir muito que é psicológico, que é emocional. Até porque, na área da saúde, a gente só dá um diagnóstico de uma questão emocional quando qualquer possibilidade física é afastada. Após a consulta, se a mulher não se sente atendida, não está satisfeita, é muito importante procurar outra opinião.

SITUAÇÕES QUE TIRAM DO SÉRIO

Sardenberg – Como lidar com situações no trabalho que o estressam muito e o tiram do sério?

Leny – O estresse é inerente aos nossos relacionamentos. Em situações de trabalho existem cobranças que são inevitáveis. Separei duas condições para refletirmos. A primeira diz respeito à forma como encaramos o problema. Cada vez que estivermos diante de algo que nos tire do sério, a pergunta deve ser: "Tenho algum controle sobre isso?" Se a resposta for "sim", devemos partir imediatamente para a ação e procurar resolver. Mas a maior parte das situações que nos deixam estressados são aquelas sobre as quais não temos a mínima autonomia para modificar. E não adianta insistir, porque só virão a frustração, a angústia, a aflição. Então, se entendemos que é uma situação fora do nosso controle, a ideia é ajustar a maneira como lidamos com ela. O estatístico e matemático Nassim Nicholas Taleb, no livro *Antifrágil: coisas que se beneficiam com o caos*, diz que uma pessoa, uma situação ou uma carreira frágil pode se destruir quando exposta a alguma adversidade. Já a antifragilidade é a arte de viver bem em um mundo que não compreendemos. Normalmente, ambientes calmos, em que não há desafios, fazem com que o profissional se acomode. Em ambientes mais desafiadores, a tendência é de crescimento, de desenvolvimento.

S – É a diferença entre zona de conforto e zona de desafio?

L – Exato. Devemos entender que no nosso trabalho estaremos expostos a desafios. Isso é positivo, faz com que nos mobilizemos. Tudo depende de como encaramos. A primeira dica é buscar opções. Se as coisas não estão acontecendo do jeito esperado, devemos pensar numa segunda possibilidade. A segunda dica é a forma como encarar o fracasso ou eventuais erros. Vale encarar de maneira mais positiva, pois só assim se consegue evoluir. De acordo com o Taleb, quando abominamos o erro, trazemos a fragilidade. A terceira é lidar bem com as diferentes opiniões e ideias. Nós tendemos a temer o conflito. E tudo bem pensar e agir diferente. Cabe aqui a negociação, a busca pelo diálogo.

S – Com restrições, porque tem ideias e pensamentos que não dá nem para discutir, né?

L – No âmbito do trabalho, se eu penso diferente de você, vamos ter de submeter isso ao crivo da intenção, das metas, do objetivo do local onde atuamos. Pode haver divergência, mas há pontos em comum, que podem ser um início promissor para se negociar. Mas o objetivo é o mesmo. Romper a barreira de departamento e trabalhar de forma mais ampla; ouvir pessoas de outras áreas pode ser interessante. Finalmente, devemos acolher nossa vulnerabilidade, entendendo que as emoções positivas ou negativas são genuínas. É olhar adiante, procurar enxergar o propósito no final do caminho e buscar a motivação interna para lidar com esses estresses do dia a dia.

SÍNDROME DE *BURNOUT*

Sardenberg – A Organização Mundial de Saúde passou a considerar o *burnout* uma doença ocupacional. O que é e por que é tão perigoso?

Leny – *Burnout* é uma condição caracterizada por sintomas de esgotamento, com uma ideia de sentimentos negativos relacionados ao trabalho. No final de semana, a pessoa pensa na segunda-feira e já se sente mal, começa antecipadamente a se indispor, e a eficácia profissional fica bastante reduzida. Em 2019, a Organização Mundial de Saúde trazia o *burnout* como um fenômeno ligado ao trabalho. Tinha mais a ver com a energia da pessoa para lidar com as questões de trabalho. Ficava num contexto mais individual. Em 2022, a OMS passou a considerar que a síndrome de *burnout* traz estresse crônico de trabalho que não foi administrado com sucesso. Há uma mudança importante aqui. Se num primeiro momento era algo relacionado à pessoa, agora essa nova forma de ver a questão coloca a empresa no centro do debate, como responsável por melhorar a condição das pessoas. No início, o *burnout* trazia o risco de falta de engajamento da pessoa, menor produtividade e perda de talentos. Com essa modificação, há ainda o risco jurídico e financeiro. Agora o profissional que vivenciar esse tipo de situação pode acusar a empresa de tê-lo levado a esse quadro.

S – Como é o diagnóstico do *burnout*?

L – É clínico. A pessoa tem uma série de sintomas físicos. Pode ter taquicardia, aumento de pressão arterial, apagões durante a atuação, perda do controle da atividade, perda de concentração. É um conjunto de fatores. Muitas vezes, os exames físicos não batem com o quadro de sintomas. A pessoa relata manifestações muito impactantes, só que os exames clínicos são muito próximos da normalidade. E geralmente as pessoas são encaminhadas para psicólogos, psiquiatras, porque tem a ver com essa questão do enfrentamento.

S – O diagnóstico tem de ser feito por um psiquiatra?

L – Sim, geralmente depois de a pessoa passar por vários outros exames, com clínico geral ou com médico do trabalho. Quando os médicos identificam que há sintomas robustos, um quadro de mal-estar instalado, queda de produtividade e os exames físicos mostram um estado melhor do que aquele observado, eles costumam encaminhar para um psiquiatra, que vai fazer essa avaliação mais direcionada e chegar a esse diagnóstico.

Leandro – O *burnout* não se dá só pela insatisfação com o trabalho? Porque a empresa pode falar: "Se está causando tudo isso, então, pede demissão".

L – Hoje não pode mais. O site Zenklub publicou um índice de bem-estar corporativo. Eles fizeram perguntas para 1,6 mil funcionários de 335 empresas, e o resultado foi publicado na revista *Exame* em dezembro de 2021. Idealmente, esse índice deve estar em torno de 78, numa variação de 0 a 100. No Brasil, a média é de 49,25. Os estudos mostram que essa insatisfação tem a ver com falta de habilidade das lideranças e com um ambiente de trabalho tóxico, seja pelo aumento de demanda, por um controle rígido que tira a autonomia do funcionário ou pela adição de trabalho. Na prática, pela falta de relacionamentos saudáveis no trabalho.

S – No nosso caso, de jornalistas, trabalhamos sob intensa pressão na pandemia. Primeiro, pela própria cobertura da pandemia, doentes, mortos etc. Segundo, por causa dos colegas que ficaram doentes. Terceiro, familiares também doentes. Tivemos colegas queridos que morreram de covid. Isso tudo acumulado leva a um *burnout*, né?

L – Sem dúvida. Traz um clima de luto, de peso, que a pandemia acentuou de modo evidente em todos os grupos de profissionais. Os profissionais de saúde também tiveram sobrecarga de trabalho. A pandemia acelerou esse processo de as pessoas olharem para o *burnout* de forma diferenciada. Essa é uma situação que não está no nosso controle. Agora, como nos sentimos no nosso ambiente de trabalho? Será que, apesar da pandemia, conseguimos relacionamentos saudáveis no nosso ambiente? Temos líderes que ajudam a criar um ambiente mais saudável? Nos sentimos apoiados pelos nossos líderes? Essas condições estão sob o controle dos líderes e dos liderados, diferentemente da pandemia, algo que assolou o mundo inteiro e que independe de nós. Sabemos do impacto de um líder que cria um ambiente negativo, tóxico. Isso aumenta a sobrecarga e pode fazer com que as pessoas adoeçam.

Leandro – E quando o maior estresse no trabalho é a gritaria? Quando um dos líderes grita e a pessoa passa mal, tem ódio, chora, aumenta o batimento cardíaco. Ela pode procurar ajuda médica, mas o ambiente continua daquele jeito. E o que muda no fato de a doença passar a ser ocupacional?

L – Há duas questões. A primeira é a empresa saber que pode ser responsabilizada por isso. Eu já vi empresas preocupadas com essa questão, e buscando dar algum tipo de suporte a líderes e liderados para criar melhores ambientes no trabalho. A segunda questão tem a ver com a nossa capacidade pessoal de enfrentamento das coisas. Então, apesar de já ser considerada doença ocupacional, isso não exime cada um de nós de nos cuidar, de nos proteger emocionalmente, de usar estratégias de enfrentamento para lidar com as situações. A pessoa não vai conseguir mudar o fato de o líder sair gritando e xingando. Ela não tem esse poder. Só que ela pode lidar com isso de maneira melhor ou pior. E, certamente, outros pares dela, também sob o guarda-chuva desse líder, podem lidar de forma mais tranquila, enquanto outros, de maneira mais devastadora. Então, nosso autocuidado é fundamental. Agora, a empresa vai ter que buscar desenvolver mecanismos para gerar melhores ambientes de trabalho.

Leandro – Acaba forçando a empresa, por medo de ser responsabilizada por isso, né?

L – Sim. Até porque, com a história do ESG, existe todo esse cuidado com o ambiente, com a governança etc. Isso não pode ser historinha para os outros pensarem: "Que empresa legal, que cuida do ambiente". E o ambiente interno? Lógico, é fundamental cuidar do meio ambiente, as empresas têm esse papel social e devem ser cobradas por isso. Só que a criação de um bom ambiente interno depende diretamente das pessoas que atuam na empresa. Essa mudança na lei tem de fazer as empresas abrirem os olhos para isso.

S – Como é o tratamento?

L – Vai desde um cuidado médico, clínico, às vezes por meio de medicações indicadas pelo psiquiatra, até terapia psicológica para a pessoa aprender a produzir enfrentamentos mais positivos na sua maneira de lidar com as coisas. Às vezes não mudamos o nosso ambiente, mas temos de ser capazes de controlar nossa reação a esse ambiente. É a busca pela criação de um melhor ambiente de trabalho, e isso tem relação direta tanto com a liderança quanto com a empresa, que precisa pensar em estratégias de gerenciamento de estresse para as pessoas. Nós todos somos submetidos ao estresse, mas como vamos lidar com isso? Com a busca pela liderança mais humanizada, que considera o outro e, o mais importante, o estabelecimento de relacionamentos saudáveis. Se conseguimos falar sobre o que sentimos, se formos apoiados pelas pessoas ao nosso redor, isso melhora demais a nossa condição. Por isso, é fundamental a busca por uma comunicação assertiva e empática.

OS QUATRO HORMÔNIOS DA FELICIDADE

Leny – Os neurocientistas nos ensinam que existem quatro hormônios que trazem efeitos próximos da felicidade. Esse dado está no livro *O cérebro das pessoas felizes: como superar a ansiedade com a ajuda da neurociência*, da neurocientista Sara Teller e do escritor Ferran Cases. A história do Ferran é bem curiosa. Ele tinha ataques de pânico desde adolescente e sofria muito. Aos 20 anos, ele resolveu pesquisar o que havia na medicina, na psicologia, nas terapias alternativas. E descreve esse "quarteto da felicidade". A endorfina é um hormônio que alivia a dor, funciona como se fosse um analgésico natural. E, quando traz mais bem-estar, ficamos melhores. O que fazer para secretar mais endorfina? Exercício físico, dança, risadas, ter algum *hobby*. Quando fazemos alguma coisa de que gostamos, secretamos mais endorfina. O segundo é a ocitocina, que é o hormônio do abraço. É secretada no contato físico, do abraço, do beijo, do toque, formando vínculo com as pessoas, com a confiança, com o amor.

Sardenberg – Esse aí andou em falta.

L – Nós todos nos ressentimos muito da falta da ocitocina. O terceiro hormônio é a serotonina, um antidepressivo natural. Um dado curioso, recente, é que existe uma concentração muito grande de serotonina nos intestinos, o que mostra a importância de uma dieta equilibrada, de cuidados com a alimentação. O quarto é a dopamina, que promove prazer, relaxamento, leva à motivação. E aqui a importância do sono, de dormir pelo menos oito horas por dia, e da prática dos exercícios físicos. São hormônios que ajudam a aumentar nosso bem-estar. Eu quero dar algumas sugestões. A primeira é a importância de procurarmos viver no modo presente. Na época da pandemia, nós, muitas vezes, deslocávamos nosso pensamento para o passado: "Deveria ter feito isso", "Deveria ter encontrado tal pessoa" e por aí vai. Às vezes, esse pêndulo, que é o nosso cérebro, vai para o futuro: "Será que vai dar certo?", "Será que eu vou conseguir?" Então, é importante procurarmos conscientemente nos manter no momento presente, ligados ao que está acontecendo.

S – E aproveitar cada momento, né?

L – Pois é, porque estamos com tanta coisa ao mesmo tempo, estamos alertas, estamos límbicos, como dizem os neurocientistas, em posição de ameaça. E agora é o momento de procurar voluntariamente relaxar e viver o momento presente. A segunda sugestão é a prática da resiliência. Entender que podemos lidar com algumas coisas de forma assertiva e procurar aceitar aquilo que não podemos controlar. A terceira sugestão é experimentar coisas novas, novos desafios, sair da rotina. Vale a pena buscar novos contatos, novos relacionamentos.

Nessa questão dos novos relacionamentos, vale a pena uma busca por mais entendimento entre as pessoas. Isso pressupõe baixar o nível de exigência, entender que as pessoas estão vivendo um momento de mais sensibilidade, de mais fragilidade. Entender que cada um dá o que tem e o que pode nas relações. O mais importante é buscar nosso equilíbrio interno, nossa força pessoal.

QI EM QUEDA

Sardenberg – A pandemia deixou as pessoas mais burras?

Cássia – A gente vai vendo várias coisas ao mesmo tempo e tendo muito contato com telas. Eu não sei se mais burra, mas dificuldade de concentração eu tenho sentido.

Leny – Dificuldade de memorizar. Teve uma matéria da *Veja*, do Ernesto Neves e do Caio Saad, que aponta que estamos emburrecendo. A medida mais padronizada de inteligência é o QI, que tem uma série de limitações, mas é uma forma. No século XX, os países mostravam um aumento dessa média de QI no decorrer do tempo, com as pessoas mais estimuladas, mais expostas à informação. Nos anos 2000 começou a haver uma queda. E, nesse último período, essa queda estava bastante acentuada. Sempre temos a ideia de que os filhos são melhores que os pais, são versões melhores de nós mesmos. Pela primeira vez, os filhos passaram a ter a mente menos afiada do que a dos pais.

S – Que pesquisa é?

L – A matéria tem várias pesquisas que falam sobre isso. Eles citam o livro do neurocientista francês Michel Desmurget, *A fábrica de cretinos digitais*. É uma questão mundial, totalmente relacionada a um aumento de tempo de exposição, tanto às telas como às redes sociais. A pandemia acentuou isso muito, com aulas on-line e tudo mais. Entre os pré-adolescentes, existe uma ocupação do tempo três vezes maior para se divertir por meio do celular e do computador, do que para estudar. E, entre os adolescentes, esse tempo é oito vezes maior. A tecnologia é maravilhosa, salvou nossa vida numa série de situações e nos permitiu continuar estudando e trabalhando. Só que todo excesso é complicado. O que se observa, especialmente entre as crianças e os jovens, é que isso dificulta ou prejudica as interações sociais, a linguagem e a concentração. Esses três fatores são os pilares da aprendizagem, do desenvolvimento. Quando falamos de inteligência, não se trata de acumular informação. Estamos falando da habilidade reflexiva, da capacidade de fazer conexões, de comparar pontos de vista diferentes.

C – É aquela curadoria de pegar as informações e transformar em algo com significado na sua vida.

S – Lembrei de vários relatos de jovens que, na escola on-line, ligam o computador na aula e em outras coisas, ao mesmo tempo.

> **L** – Existia, até um tempo atrás, um mito de que nós éramos multitarefa. As pessoas acreditavam que poderíamos fazer mais de uma coisa ao mesmo tempo. A ciência hoje nos explica claramente que isso é mentira. Na verdade, nossa atenção é alternada, como vimos em "Estar ocupado é ser bom profissional?" (capítulo "Gestão e carreira").
>
> Há um mito de que as mulheres seriam multitarefa, mas isso vem da nossa habilidade de dar conta de um monte de coisa ao mesmo tempo. Só que é óbvio que isso é sobrecarga. Nós até entregamos, mas com qualidade inferior do que se estivéssemos efetivamente concentradas. São duas coisas que acontecem: a exposição exagerada às telas e as nossas relações nas redes sociais. Como isso afeta? Primeiro, a luminosidade ofusca o nosso olho e, consequentemente, cansa o nosso cérebro. Fixamos muito mais o olhar, que é diferente de passear o olhar por um ambiente. Segundo, esse tempo diante das telas acaba substituindo atividades que seriam muito mais estimulantes, especialmente para as crianças, como as brincadeiras ao ar livre e a leitura.

C – Isso é muito importante, até porque é a saída. O panorama é ruim, estamos emburrecendo, menos concentrados, com uma dificuldade enorme de foco, mas tem como sair disso.

> **L** – Além do cansaço do cérebro, existe um termo usado na reportagem de que eu gostei muito, que é "bolhas de filtragem". Quando estamos na rede social, até pelos algoritmos, ficamos expostos a olhares, a versões que são

condizentes com as nossas crenças. E, ao que é diferente, somos meio que blindados, ou pelo próprio sistema ou por nós mesmos. Fazemos um comentário e nossos amigos aplaudem, colocam um coraçãozinho e achamos bárbaro. Quando alguém faz uma crítica, pensamos: "Que sujeito estranho, vou bloquear esse cara". Eu considero isso ainda mais problemático para nós, adultos, porque estamos numa bolha, ao lado daquelas pessoas que pensam e agem como nós. É claro que isso prejudica o debate, a troca de ideias, a reflexão. Eu considero urgente entender que o outro é diferente de nós, não necessariamente melhor nem pior. E refletir sobre essa diferença, em vez de fazer com que aquilo bata no nosso cérebro e saia sem penetrar, sem ser considerado.

Mas tem uma luz no fim do túnel. O neurocientista norte-americano John Medina, no livro *Aumente o poder do seu cérebro: 12 regras para uma vida saudável, ativa e produtiva*, sugere dois grupos de cuidados. Primeiro, cuidados com o corpo: exercício físico, uma alimentação bem cuidada, horas suficientes de sono. Tudo o que melhora o nosso bem-estar também melhora o bem-estar do nosso cérebro. E os cuidados com a mente: a arte, a importância de sair da doideira do nosso dia a dia e apreciar o belo, buscar nos abastecer de coisas bonitas, que gerem emoção. Leitura é um ótimo antídoto para essa situação. Buscar desafios, coisas que nos estimulem a aprender. E bons relacionamentos. Quando falamos da importância da comunicação, falamos sobre nos relacionar, trocar ideias, discutir, refletir sobre o que as pessoas colocam, comparar com o que acreditamos. São hábitos muito saudáveis.

DEFINHAMENTO

Sardenberg – Qual é o conceito de definhamento?

Leny – Várias pessoas se queixam de situações do tipo: "Estou acompanhando a reunião on-line, mas chega uma hora em que eu não consigo mais, eu perco a concentração". Outras falam: "Está tão difícil interagir, conversar com as pessoas, estou com pavio curto". E as queixas tinham tudo a ver com esse conceito de definhar, proposto pelo psicólogo Adam Grant, entrevistado no *New York Times*. Ele diz que definhar é um estado de estagnação, desânimo. Não chega a ser depressão, é um estado não doente, se podemos usar esse termo. Ele coloca os dois extremos que temos do ponto de vista emocional. De um lado, o bem-estar pleno, chamado de florescimento. E, na outra ponta, quando a pessoa está mal emocionalmente, está a depressão. Então, ele coloca o definhar como algo entre esse florescimento e a depressão. É diferente de *burnout*, em que você praticamente não tem energia. No definhar você até tem energia. E é diferente de depressão, porque não existe um desespero, é um quadro de desânimo, de falta de objetivo, uma falta de alegria, um vazio que acaba tomando conta.

Cássia – Qual a abordagem para tratar essa questão, que não chega a ser uma depressão, mas impacta a vida da pessoa?

L – Quando temos consciência do que nos acontece, gradativamente ganhamos autonomia sobre o nosso estado. O início da pandemia nos pegou de surpresa. Ficamos com a amígdala, que é parte do nosso sistema límbico, do nosso cérebro primitivo, em alerta máximo, para a detecção de ameaças. Ficamos preparados para lutar ou fugir. Naquela época, isso se transformou em ação. Mudamos os nossos hábitos, providenciamos máscaras, álcool em gel, começamos a ver como trabalhar. Essas rotinas deram uma aliviada no pavor que sentíamos. O estado agudo de angústia passou. Querendo ou não, por bem ou por mal, nos habituamos. Então vem essa questão crônica do definhar. O que os autores afirmam é que, quando conseguimos nomear aquilo que sentimos, temos uma capacidade maior de controle. No auge da pandemia, a palavra que mais surgia era "luto". Mesmo não tendo vivido a pandemia anteriormente, nós todos sabemos o que é perder as pessoas. Depois, veio o nome "sofrimento" para aquilo que vivíamos. Foi uma palavra colocada na *Harvard Business Review*. Agora a palavra é "definhar". Quando eu dou nome, já identifico que é algo real, e pelo que outras pessoas também estão passando, já me acalmo um pouco mais.

Sabendo que não estamos sozinhos, fugimos daquela positividade tóxica de o mundo estar acabando, mas é preciso parecer superfeliz, que é algo que gasta uma energia danada. O antídoto é buscar o fluxo, que é um estado de absorção, de interesse, de direcionamento da nossa energia para alguma experiência que nos faça bem. Entender onde colocar a energia, entender que esse momento que vivemos nos distrai muito, porque há muitas coisas acontecendo. Às vezes, a pessoa está participando de uma reunião on-line e o filho chora, o cachorro entra. Então, precisamos criar condições para poder nos concentrar efetivamente nas coisas e definir limites. Normalmente cuidamos muito quando o problema é físico, mas, quando é emocional, tendemos a negligenciar – no outro e, muitas vezes, com nós mesmos, uma autonegligência.

LUTO DEVE SER VIVIDO

Sardenberg – Você se referiu à positividade tóxica. O que é? E por que ela é tóxica?

Leny – A positividade tóxica acontece quando a pessoa sente dor, tristeza, medo, raiva, que são sentimentos "negativos", e não aceita. Ela procura colocar no seu comportamento características mais positivas. Fica "a alegre", "a animada". É importante ser positivo, ter esperança, só que temos de entender que os sentimentos negativos existem, porque somos humanos. Quando deixamos de viver uma emoção negativa, ela cresce para que possamos notá-la. Toda emoção tem uma função, ela serve para nos reorganizarmos, nos entendermos, muitas vezes para partir para a ação. A pessoa que procurar aparentar estar bem o tempo todo tem um gasto de energia muito grande. E esse gasto de energia desvitaliza, então, não é sustentável. Em alguma hora, alguma coisa vai gritar. Pode ser o corpo, por meio de algum sintoma, ou um sinal psicoemocional mais forte, um quadro de depressão. No início da pandemia, tomamos um baita susto, que nos colocou em estado de alerta, e passamos por um processo de adaptação. As pessoas foram aprendendo a trabalhar de forma remota, fizeram ajustes. Aí veio a nova onda e, com ela, uma insegurança, uma sensação de cansaço, e nos pegou meio de surpresa, porque parece que já tínhamos baixado um pouco a guarda.

Esse momento nos pega mais desvitalizados. Existe um conceito dessa negação das emoções dolorosas, que é o da ingenuidade emocional, que a especialista em neuropsicologia, Simone Domingues, mostra como é prejudicial. A negação nos impede de agir de forma proativa. Ficamos estancados. Eu quero propor umas dicas. Primeiro, a aceitação de que você é humano. O ser humano tem emoções positivas e negativas. Segundo, considerar que o luto é real e deve ser vivido. Não há problema em aceitar que estou vivendo um momento com medo, com receio de que alguém de que eu gosto adoeça, ou com relação ao meu trabalho. Por outro lado, temos de viver o luto e colocar um limite. Senão, a pessoa vai para o extremo oposto, do vitimismo, fica passiva e sem ação. Aceitar que há coisas que você consegue mudar, e outras, não. Buscar ajuda, se abrir para as pessoas ao redor. E quero trazer a proposta do filósofo Mario Sergio Cortella, que fala para termos esperança do verbo "esperançar", e não do verbo "esperar". Trata-se de algo ativo. Aceitar o que estamos sentindo, partir para a ação, com os cuidados necessários, procurando ajudar quem está ao nosso redor e, juntos, trazer essa esperança do verbo "esperançar".

A ILUSÃO DA MULTITAREFA

Cássia – É possível ser multitarefa e continuar eficiente em tudo?

Leny – O mundo está muito acelerado. E, culturalmente, a mulher assume mais responsabilidades e acaba lidando com isso de forma mais responsável, vamos dizer assim. Nós tínhamos uma ilusão, até alguns anos atrás, de que éramos multitarefa, de que conseguiríamos fazer mais de uma coisa ao mesmo tempo, com qualidade. Hoje, sabemos que isso é inviável, pelo funcionamento do nosso cérebro. O que existe de real não é a atenção a mais de uma coisa ao mesmo tempo, mas uma atenção dividida. Por exemplo, estou falando com você, meu celular vibra e bato o olho para ver se é alguma coisa urgente. Naqueles segundos, eu deixei de prestar atenção no que você dizia. Eu até estava te escutando, mas não estava processando a informação, porque o meu cérebro não permite. Portanto, se eu não estou atenta especificamente em você, corro risco de perder o fio da meada, de não pegar alguma observação, de desencadear os meus pensamentos. Estou aqui com você e a minha busca é por estar 100% presente. Este é o segundo conceito, a questão da presença. Este mundo em que vivemos nos rouba muito a capacidade de estarmos presentes.

Nossa mente funciona como um pêndulo, vai para o passado e pensamos: "Puxa, deveria ter me preparado melhor", "Deveria ter lido melhor para falar sobre esse tema". Quando o pêndulo vai para o passado, temos sentimentos de culpa e arrependimento. Às vezes, o pêndulo vai para o futuro: "Saindo daqui, tenho que fazer tal coisa", "Não posso deixar de falar com tal pessoa". O pêndulo no futuro traz sentimentos de estresse e ansiedade. Ambos são desconfortáveis. O momento presente é o único lugar em que podemos garantir bem-estar e nos dedicar a fazer da melhor maneira aquilo que nos é designado.

C – Fiquei pensando na questão da carga mental, com a qual muitas mulheres já se confrontaram. Você está exercendo sua atividade profissional, mas pensando em outras coisas que tem de fazer. Como se manter presente e direcionar o foco em uma coisa de cada vez?

L – Sair do momento presente vai trazer maus resultados. É muito importante termos isso em mente, porque a qualidade é fundamental. A segunda dica é pensar: "Eu já sei que desse jeito não vai funcionar, então, vou buscar o foco, a concentração naquilo que estou fazendo". Os pesquisadores dizem que se trata de treino. Ao se concentrar, você elimina eventuais ruídos e preocupações externas. Isso é passível de treino e você deve buscar, a cada situação relevante, resgatar essa vontade e direcionamento.

C – Ajuda fazer uma listinha, tirar da cabeça e botar no papel?

L – Perfeito. Terceirizar a sua memória. Você pega um papel e anota: "Vou fazer isso, isso e isso". Pronto, tirou da mente. Volta e meia, eu faço isso. Estou quase pegando no sono e penso: "Tem um tema legal para discutir com a Cássia, com o Sardenberg". Se eu ficar com isso na minha cabeça, não vou dormir. Eu tenho do lado da minha cama um bloco em que anoto e, pronto, terceirizei. E vou dormir. Existem algumas ferramentas que podem nos ajudar a nos conectar com o presente. Uma das mais relevantes e simples é a respiração. Quando eu paro e penso: "Espera um pouquinho, agora eu estou aqui com a Cássia, conversando sobre esse tema", eu solto o ar, inspiro profundamente uma, duas vezes, oxigeno o meu cérebro e direciono o foco para você. Me chamou muito a atenção o fato de que os jovens estão percebendo a perda que é ficar buscando conexão com todo mundo, o tempo todo.

Existe um movimento internacional que está fazendo com que esses jovens deixem de estar conectados o tempo todo. Conhecemos o Fomo (do inglês, *fear of missing out*), que era a sigla para aquele medo de perder alguma coisa. Hoje, os pesquisadores trazem a Jomo (do inglês, *joy of missing out*), que é a brincadeira, a alegria ou a curtição de você estar desplugado. Até porque estar plugado o tempo todo é uma doença que está sendo tratada, inclusive, por psiquiatras. Numa pesquisa com 2.200 jovens, 78% deles dizem que já praticam a Jomo. O legal é que, na hora em que eles tentam se desplugar, acabam resgatando brincadeiras, hábitos mais antigos, como ler, estudar, jogar, num processo de interação com o outro e não mais com o celular ou com o computador. É uma busca que precisamos desenvolver.

NÃO ACABAR NA QUARTA-FEIRA

Sardenberg – Há quem procure que a vida seja um Carnaval na Bahia sem fim. Ou seja, a felicidade eterna.

Leny – Já pensou? Precisamos achar essa fórmula. A neurociência e a psicologia positiva estão com muitos estudos sobre felicidade. Um denominador comum a todos os estudos é o estabelecimento de relacionamentos saudáveis. O que tem tudo a ver com comunicação. Quem se comunica melhor gera menos mal-entendidos. Quem se comunica melhor consegue expor como se sente, ouvir o outro com empatia, estabelecer relações mais saudáveis e, consequentemente, se tornar mais feliz.

Cássia – Se a pessoa ficar eufórica para sempre, continua sendo euforia?

L – Não. Aí tem uma diferença importante. Esse momento é gerado pela dopamina, uma substância que o nosso cérebro secreta. A área responsável é o hipotálamo. Por exemplo, degustar um chocolate maravilhoso vai produzir uma sensação de euforia. Qual é a característica da euforia que vem da dopamina? Ela é intensa, mas é efêmera.

C – E, por um lado, que bom! Já pensou que canseira você ficar eufórico o tempo inteiro?

L – Não ia ter contraste.

S – Por que você falou do chocolate? Tem dopamina no chocolate?

L – Quando a gente come chocolate, o cérebro secreta dopamina. Isso acontece em qualquer situação de prazer. O ouvinte, no Carnaval da Bahia, está eufórico. O povo na rua, todo mundo sorrindo, satisfeito, cantando. Isso vai gerar a secreção de dopamina pelo cérebro e produzir essa sensação de euforia.

S – E tem dopamina artificial? Uma pílula de dopamina?

L – Existem medicamentos que contêm o estímulo à produção de dopamina. Antidepressivos, ansiolíticos, várias drogas que fazem com que o cérebro secrete substâncias químicas que levam a essa sensação. Tiram a pessoa de um estado depressivo. Agora, nossa busca é desenvolver isso da maneira mais natural possível. E temos que nos comunicar bem para ter essa resposta. Estamos querendo sair da questão efêmera da euforia para a questão mais constante, que é o estado feliz. Estudos mostram que a felicidade verdadeira resulta da conjunção de dois fatores: 50% vêm da genética, de como fomos criados, e os outros 50% vêm de fatores externos, dentre os quais, de 8% a 15% não temos controle. Por exemplo, ter um filho saudável, ter emprego, ter nascido numa família com boas condições financeiras. Esses fatores não dependem de nós. E de 35% a 42% dependem de como encaramos os eventos que nos acontecem. Aqui depende totalmente de nós. O fato de olhar o que nos acontece com bons olhos, procurar ver o lado bom, cultivar o otimismo, a fé, o propósito, acabam trazendo uma probabilidade maior de sermos felizes. Que bom que isso depende só de nós.

S – Relacionamentos saudáveis podem ser permanentes?

L – Claro. E vão aumentar essa sensação de felicidade até quando as coisas não dão certo. Você vive um revés, alguma situação que independe da sua vontade no seu trabalho, por exemplo, e tem um amigo que te escuta com empatia, que te dá conselhos, certamente você se sente apoiado. E se sentir apoiado melhora muito o seu estado. Outro dado que me chamou a atenção está em uma pesquisa feita por um norte-americano, comparando o cérebro de paraplégicos com o cérebro de ganhadores da loteria. Depois de dois anos, o nível de satisfação pessoal dos dois grupos era exatamente o mesmo. Ou seja, tanto um revés como uma situação bastante positiva, em cerca de dois anos, acabam tendo efeito zero, o nível de satisfação volta a ser o mesmo para os dois grupos.

C – Isso é uma boa notícia também. Me lembra de uma máxima, que é atribuída aos budistas: "Tanto coisa boa quanto coisa ruim, isso passa".

AUTOCONHECIMENTO É O MÍNIMO

Cássia – Há quem exploda no trabalho sem saber o motivo? Como evitar?

Leny – Cada vez mais é desafiador nós nos relacionarmos. No trabalho, isso acaba tendo um impacto muito grande, até por conta das consequências que podemos ter. O autoconhecimento é fundamental para perceber como funcionamos. Dessa forma, teremos atitudes mais proativas, de controle, com uma consciência maior do momento que estamos vivendo. Até para pensar de forma mais estratégica, porque, quando há uma explosão, vai existir arrependimento.

Explodir "do nada" fica parecendo o resultado de um acúmulo. Precisamos identificar nossas emoções, ter consciência daquilo que estamos sentindo. Quando uma pessoa vai para um processo terapêutico, normalmente é estimulada a falar sobre como está, o que sente etc. Quando a emoção está só no terreno do sistema límbico, que é o nosso cérebro primitivo, é como se ela se apoderasse de nós. Aquilo que sentimos nos leva a ter atitudes das quais podemos nos arrepender. A grande busca, especialmente no ambiente de trabalho, é caminhar do límbico para o neocórtex, que é o nosso cérebro mais desenvolvido, o nosso cérebro racional. Quando conseguimos identificar e nomear a emoção que estamos sentindo, acionamos o neocórtex. A análise do neocórtex vai nos permitir lidar melhor com a situação. Isso é mandatório, porque hoje não dá para bobear em relação a isso em nenhum ambiente, muito menos no trabalho.

C – Quando você compartilha o que está sentindo com alguém, no processo terapêutico ou até com um amigo, você elabora aquilo e já sai diferente.

L – Existem pesquisas muito sólidas que mostram isso. Quero destacar uma, feita pela psicóloga Tasha Eurich. Ela ouviu 5 mil pessoas no meio corporativo e identificou que apenas de 10% a 15% acreditam se conhecer bem. No mundo do trabalho, cada vez mais competitivo, com cada vez mais pressão, colocando prazos, metas cada vez mais ousadas, o mínimo para nos relacionarmos bem é o autoconhecimento. A pessoa que se conhece melhor rende mais no trabalho, se sente melhor e favorece relações mais saudáveis. Eu trouxe umas dicas. Primeira: fazer as perguntas certas. "O que me motiva normalmente? O que faz com que eu me sinta bem quando penso que vou para o meu trabalho?" Ao contrário: "O que me desestimula? O que faz com que eu me sinta mal? Sinto angústia? Raiva? Medo?" É importante essa identificação.

Sardenberg – E tem aquela situação em que a pessoa fica pensando em uma maneira de não ir para o trabalho.

L – Esse é um sinal de alerta. Nesse caso, a primeira coisa é: "Existe algum fator externo ao trabalho que está me deixando mais desvitalizado, mais desmotivado? Estou com problema de saúde ou preocupado com alguma questão do meu dia a dia, preocupado com algum familiar, estou chateado por causa de alguma perda?" Qualquer situação mais pessoal vai interferir no nível de energia. Se não for isso, então: "O que no meu trabalho está me desgastando? O que está fazendo com que eu me sinta mal?" A segunda sugestão é pedir *feedback* para pessoas próximas. Muitas vezes, um amigo, um colega pode nos mostrar algum detalhe, algum comportamento, alguma atitude que vai nos ajudar. Em seguida, vale fazer um combo do que sentimos e do que ouvimos das pessoas, para sermos capazes de identificar pontos de melhoria. Tem gente que vai preferir ir para terapia, tem gente que vai optar por um *hobby*, uma atividade física ou meditação. Devemos entender que o autoconhecimento é um processo contínuo, até porque nos modificamos constantemente. Devemos parar e observar nossas emoções e nomeá-las, verbalizar, mesmo que seja para nós mesmos, para ganharmos uma condição melhor.

MALHAR DEMAIS PREJUDICA A COMUNICAÇÃO?

Sardenberg – Quem malha muito pode piorar a comunicação?

Leny – A comunicação exige concentração, foco. Temos de estar atentos ao que dizemos. Outra exigência é uma boa definição das mensagens que queremos transmitir, o que tem a ver com tomada de decisão. Isso requer que estejamos presentes, atentos e concentrados. Uma pesquisa realizada por franceses, publicada no periódico norte-americano *Current Biology*, dividiu 37 maratonistas ou triatletas, com uma idade média de 35 anos, em dois grupos. Um deles manteve a rotina habitual de treinamento, e o outro aumentou em 40% a intensidade da atividade física. Os pesquisadores observaram que, nesse segundo grupo, além do cansaço físico, houve maior fadiga mental. Essa fadiga foi autorreferida, ou seja, eles se perceberam mais cansados do que o normal, e a fadiga cerebral foi observada por meio de exames de imagem. Foi mostrada uma alteração na área do cérebro relacionada à tomada de decisão. Na pesquisa, eles solicitaram a essas pessoas, depois dessa maratona, que respondessem a questões relacionadas a decisões quanto a investimentos de dinheiro. Eles tomaram decisões equivocadas.

Cássia – Isso faz muito sentido. Quando estou aumentando os tempos de corrida e acontece qualquer coisa diferente, um resfriado, eu diminuo imediatamente, porque percebo que não é só uma coisa física, mas mental mesmo. Não é parar de praticar, mas moderar a intensidade. Eu me poupo logo depois. Meu treino longo de corrida é domingo de manhã, de 8 km a 10 km. É um dia em que eu acordo cedo, e seria o segundo dia da semana em que eu poderia acordar tarde, além do sábado. Se eu acordo às cinco horas para correr, porque é antes do sol, quando volto, dou uma cochiladinha. Por exemplo, quando eu trabalho no sábado à tarde, não corro de manhã, porque preciso ficar aqui falando e, mais que falando, fazendo sentido.

S – Cássia, me desculpe, você tem a chance de acordar mais tarde em dois dias, mas aí você acorda às cinco da manhã no domingo para correr?

C – Mas muda a minha semana. Eu não faço isso no sábado, quando eu tenho plantão.

L – Em prol de um grande objetivo. É foco.

C – Eu me inscrevi para uma prova, ano que vem, de 21 km. Como é que vou conseguir fazer se eu não correr mais?

L – Preparação é tudo. Basicamente, o esforço físico produz um impacto mental, cerebral. Então, precisamos aprender a monitorar e a equilibrar as atividades quando temos demandas. Estudos mostram que, quando exercitamos o cérebro, por meio de atividades que exigem concentração, foco, como palavras cruzadas, jogos de xadrez, temos uma melhora na resposta cerebral.

PALAVRÕES SAUDÁVEIS

Leny – Sardenberg, Débora, vocês já falaram palavrões hoje?

Sardenberg – Eu já falei, no trânsito.

L – Fez muito bem, Sardenberg. Uma pesquisa da Inglaterra diz que xingar faz bem para a saúde.

S – Faz bem para a saúde de quem xinga.

L – É. Com a saúde de quem é xingado, a gente não sabe o que pode acontecer. O pesquisador britânico Richard Stephens disse num TED que a esposa dele, durante o parto da filha, com as dores, xingava muito. Ele ficou morrendo de vergonha e foi surpreendido pelo comentário dos médicos que mulheres, em situações em que sentem muita dor, tendem a xingar mesmo. E que isso é até bom, porque diminui a dor. Ele foi testar para ver se era verdade. Pegou um balde com bastante gelo, água bem gelada, e pediu que alguns alunos colocassem as mãos para ver quanto tempo aguentariam. Ele percebeu que os alunos que gritavam palavrões conseguiram ficar mais tempo do que os outros. E encontrou uma explicação científica para isso. Quando você grita e fala palavrão, gera um aumento da frequência cardíaca e o corpo entende que você está numa situação de perigo, mobiliza o sistema límbico, que é a parte do sistema nervoso relacionada ao estresse, e o corpo se prepara para lutar ou fugir. A secreção dos hormônios do estresse gera analgesia, diminui a dor.

S – Caramba, tudo isso com palavrão?

L – Com palavrão, Sardenberg. Ele descobriu também que o palavrão ajuda em exercícios que exigem muita força muscular, pois você ganha mais força. Ele disse que os palavrões são úteis para a persuasão. Pessoas que falam palavrões parecem mais confiáveis, mais espontâneas.

Débora – E no trabalho, também pode xingar?

L – Apesar desse benefício identificado para a saúde, no trabalho a coisa já muda. Quando a gente se comunica, constrói percepção. Quando eu uso um palavrão, estou mostrando um desapego à formalidade, o que pode beirar a falta de cuidado. É muito arriscado.

Usar palavrões muitas vezes gera essa ideia de proximidade. Primeiro: qual é a intenção? Isso tem que ser levado em conta. Segundo: é autêntico isso na boca dessa pessoa? Às vezes, a pessoa quer usar o palavrão para parecer descolada, para parecer que é popular e por aí vai. E aí fica *fake*. É preciso levar em conta também a empresa que a pessoa representa. Porque, como líder, você está mostrando a própria reputação e a da empresa que você representa. Se é uma empresa mais formal, mais sisuda, é muito arriscado. Então, vamos aproveitar os benefícios do palavrão, conforme o doutor Richard nos ensina, porém, no ambiente de trabalho, o cuidado tem que ser muito maior. Estamos representando muito além de nós mesmos.

PERDÃO E AUTOPERDÃO

Cássia – Perdoar é importante? Como conseguir isso?

Leny – É preciso trabalhar as emoções. O perdão é geralmente associado a um benefício feito ao outro. Alguém me fez algum mal, me magoou, e eu vou pensar em perdoar, como se fosse um benefício para o outro. Na verdade, o perdão é um benefício imenso e muito maior para quem perdoa. A pessoa perdoada, aliás, nem precisa saber que foi perdoada. O que importa é a gente entender que ficou para trás e que deve gerar aprendizado. No livro *O poder do perdão*, o médico Fred Luskin apresenta uma série de estudos científicos que mostram o valor do perdão para o bem-estar. Mais recentemente, uma psicanalista de São Paulo, Suzana Avezum, na sua dissertação de mestrado, avaliou 130 pacientes e descobriu que as pessoas que têm dificuldade de perdoar sofrem mais infarto do miocárdio. Os pacientes foram divididos em dois grupos: os que tinham infartado em algum momento da vida e os que nunca infartaram. E descobriu que as pessoas infartadas passaram por situações em que não perdoaram com uma frequência muito maior do que as do grupo dos não infartados.

A explicação é bastante simples. A mágoa, no momento em que acontece, nos faz muito mal. Só que, quando não perdoamos, aquilo fica ocupando nossa mente de maneira exagerada. Cada vez que retomamos a situação, o mal-estar volta. E a resposta do nosso corpo é a produção maior de adrenalina e cortisol, que são os hormônios do estresse. Em excesso na corrente sanguínea, esses hormônios vão prejudicar o funcionamento do coração. Pelo benefício, ao conseguirmos deixar isso de lado e focar a questão do aprendizado, vale a pena refletir: "O que eu posso fazer daqui para frente para evitar esse tipo de situação?", "Como posso conduzir minha vida para lidar melhor com isso?". E vale diferenciar esquecer de perdoar. Tem gente que fala: "Ah, mas eu não vou conseguir esquecer". Não precisa esquecer, até para que sirva de aprendizado mesmo. Mas perdoar é pensar no problema não como um machucado, mas como uma cicatriz. Ela está lá, é resultado de uma situação vivenciada, só que ela não dói mais.

C – A gente pode perdoar, mas não querer mais conviver com a pessoa?

L – Claro que sim. Perdoar é tirar do nosso radar. Deixar de vivenciar aquela situação, de forma repetida, até ruminante mesmo. Cada pessoa age de acordo com o que considera certo. Nós, de forma geral, somos muito diferentes, pensamos e agimos de formas diferentes. Baseamos o nosso julgamento pelos nossos critérios. Vale o cuidado de entender que, muitas vezes, aquilo que aparentemente nos magoou pode não ter sido de propósito, pode ter sido um mal-entendido, pode ter sido uma dificuldade de comunicação das pessoas. Então, quando houver a oportunidade, precisamos conversar com a pessoa, procurar esclarecer, às vezes, até mostrar o tanto que aquilo nos chateou. Numa conversa franca, podemos entender que a pessoa não teve realmente a intenção e isso já vai acalmar o coração. Quando realmente não houver espaço para o entendimento, porque às vezes as diferenças são importantes, não há mesmo como conviver, e aí é melhor nos despedirmos da situação, evitarmos o contato e seguirmos em frente. Fica como aprendizado.

C – E o autoperdão? Qual a importância de se perdoar?

Sardenberg – Tem gente que não se conforma de ter cometido um erro, de ter deixado de fazer alguma coisa.

L – Ou de ter feito algo e depois se arrependido. Muitas vezes, as pessoas se sabotam e sofrem muito, mergulhadas nesse círculo vicioso. Ficam ruminando sentimentos como culpa e arrependimento. Isso faz mal a elas e ao relacionamento com os outros.

S – Há uma técnica para lidar com isso?

L – Quando estamos nesse círculo vicioso, temos um diálogo interno, chamado solilóquio, muito pesado com nós mesmos. "Como eu fui burra", "Mas que absurdo", "Se arrependimento matasse"...

C – O que mais me chama a atenção é que, às vezes, as pessoas "se tratam" desse jeito, de uma maneira que jamais falariam com alguém.

L – É uma baita crueldade. O primeiro ponto é aceitarmos que somos imperfeitos. Isso pressupõe um exercício de humildade de entender que vamos errar. A busca é tornar essa aceitação uma virtude proativa. Procurar entender o que aconteceu e obter um aprendizado. "Tive uma determinada atitude. Isso fez mal para mim ou para o outro? O que eu posso fazer de diferente para evitar que isso aconteça?" Quando conseguimos transformar a dor, o sofrimento em aprendizado, nos preparamos para lidar melhor com situações futuras. Agora, existe uma armadilha. O processo do "culpismo" faz com que julguemos o que está acontecendo e, às vezes, ficamos amarrados a uma condenação. Isso faz com que busquemos punição de alguma forma e nos autossabotemos. Só que algumas pessoas, diferentemente disso, ao se julgarem, em vez de assumirem a responsabilidade, começam a se justificar. A entrar num esquema de irresponsabilidade, que faz com continuem errando. Esse é um equívoco que precisa ser evitado.

SAÚDE MENTAL 231

S – A pessoa sempre põe a culpa no outro, nas circunstâncias.

L – Isso. A pessoa começa a se vitimizar. Além de deixar de aprender, pode prejudicar os outros, porque os seus próprios limites começam a se alargar. Um dia, ela roubou um lápis do Sardenberg. Ela se sente mal. Daqui a pouco, pensa: "Ah, eu não tenho e ele tem tantos lá". Ela se justifica. Periga em outra ocasião de isso acontecer num limite mais largo, de um impacto muito maior, que vai prejudicar muito mais. Quando isso envolve o prejuízo de alguém, muito além da questão da culpa, é preciso assumir a responsabilidade de reparar a situação de alguma forma, por atitudes e ações que acolham o outro.

S – Reparar o malfeito de algum modo.

L – Exato. Nos dar a oportunidade de entender que somos imperfeitos, que vamos errar. Entender a importância de usarmos isso como uma forma de aprendizado. Evitarmos as desculpas exageradas. Considerar que a culpa não serve para nada, mas que a responsabilidade sobre o que nós fizemos é importante, porque vai gerar a ação reparadora.

C – Às vezes, a gente pensa que o solilóquio, esse diálogo interno, é uma coisa automática. E não é. É legal a gente ter consciência disso, porque é você dizendo algo para você.

L – Excelente. Se eu sou uma pessoa insegura, qualquer situação que aconteça pode servir para eu começar um processo dentro da minha cabeça: "Está vendo? Você errou de novo, olha que absurdo. Você não serve para isso. Você não vai conseguir melhorar. Como você é ruim". Precisamos entender que essa comunicação interna também passa pela nossa vontade, pela nossa consciência. Temos que cuidar dela, senão, podemos nos prejudicar muito ou prejudicar as pessoas ao nosso redor.

EMPATIA VITAL

Débora – Como é que uma pessoa leiga pode trabalhar com pessoas com problemas emocionais sem absorver o sofrimento delas?

> **Leny –** É desafiador. Estamos enfrentando um momento em que muitas pessoas estão com sofrimentos emocionais. Um dado da Organização Mundial de Saúde mostra que acontecem cerca de 800 mil suicídios por ano, uma taxa bastante alta. As pessoas, de forma geral, também têm se distanciado muito. Têm vivido em bolhas, em que só se conta para os outros o que é bonito, legal. Para uma pessoa fragilizada emocionalmente, olhar esse conteúdo faz com que ela se sinta ainda pior.

D – Há voluntários que trabalham, por exemplo, no Centro de Valorização da Vida (CVV). Eles atendem pessoas que estão com algum pensamento suicida.

> **L –** Exato. A grande busca pela empatia, considerando a importância de você se colocar no lugar do outro, sem críticas e sem julgamento. Procurar ouvir o outro com atenção.

D – Se colocar mais no lugar de escuta do que de fala.

> **L –** Exatamente. Quando estamos em contato com alguém que está sofrendo, é muito comum querermos ajudá-lo, desejarmos que saia daquele estado. Aí idealizamos uma solução e, muito vezes, acabamos nos frustrando. Então, o primeiro passo é escutar de maneira ativa, oferecer acolhimento, deixar que a pessoa se coloque. Até porque a verbalização é terapêutica. Falar ajuda a organizar as ideias, a dar o peso correto de cada coisa. Outro ponto importante é entender que as emoções negativas são reais. Não estamos o tempo todo felizes, comemorando conquistas. Os problemas existem, é saudável aprender

a conviver com eles e aceitar a ideia de que é possível sermos felizes, mesmo que um dia ou outro estejamos tristes, preocupados, estressados. Faz parte da vida. Outro ponto é tomar cuidado para não ser a vítima eterna. Aquela pessoa que tem o hábito de se lastimar.

D – "Ó céus, ó vida."

L – Isso, a hiena do desenho animado que só vê o lado negativo. Temos que ter o cuidado de ouvir acolhendo, demonstrando na nossa comunicação o desejo genuíno de amparar, de estar perto, mostrar solidariedade, sem buscar o resultado ou presumir que vamos modificar o comportamento do outro. Porque as pessoas são diferentes mesmo. Um cuidado fundamental é a maneira como interagimos com o outro. A escuta empática pressupõe olhar no olho do outro o tempo todo, inclinar o tronco na direção da pessoa, falar num tom agradável, que não seja impositivo. E nos mostrar presentes, dispostos a acolher.

BENEFÍCIOS DA LEITURA DIÁRIA

Sardenberg – Leny, temos uma pesquisa dizendo por que temos que ler todos os dias.

Leny – Além dos benefícios todos que conhecemos, porque ler é uma delícia, a neurociência está trazendo uma série de informações que fazem com que até quem não é muito chegado em leitura repense os seus conceitos. São pelo menos cinco grandes ganhos.

S – Ler qualquer coisa, livros, quadrinhos, resenhas?

L – Qualquer tipo de leitura. Primeiro: a leitura aumenta o nosso vocabulário. Isso é até meio intuitivo. As pessoas que leem muito conseguem discorrer sobre os temas de forma mais fluente. Cabe destacar que existe uma tendência de a gente associar fluência de fala à fluência de pensamento. E essa relação só é verdadeira quando for positiva, ou seja, se você fala de uma maneira fluente, é certo que o seu pensamento é fluente. Mas, se você não fala de forma tão fluente, pode ser que o seu pensamento esteja OK e que a falta de fluência seja causada por outros problemas.

S – Mas é diferente da fluência de pensamento? O cara pode pensar bem e falar mal?

L – Sim. São duas coisas diferentes. Vamos pegar uma situação que gera mais incômodo. Uma pessoa gaga demonstra uma falta de fluência na fala, só que o pensamento dela pode estar acontecendo de maneira fluente. O problema é na forma como ela vai organizar esse pensamento para transformar em movimento das estruturas da boca, por exemplo. Existe um estudo, feito com pessoas de 16 a 42 anos, que mostra que o vocabulário aumenta gradativamente, sendo muito maior aos 42 anos. Isso mostra que tendemos a continuar aprendendo, expandindo nossas habilidades de linguagem e, claro, a leitura é um instrumento importante para facilitar esse processo. O segundo ganho: ler ficção melhora a capacidade de entender os estados mentais e as reações dos outros. Terceiro: a leitura pode diminuir o nível de estresse.

S – Como acontece isso?

L – Por exemplo, estamos vivenciando um momento especialmente difícil e olhamos o que as pessoas ou a ciência recomendam a respeito disso. Ou vamos ter contato com histórias que lidam com problemas semelhantes. É uma forma terapêutica de você se sentir melhor.

S – Eu me lembrei, não sei se tem a ver com isso, mas na autobiografia *Peixe na água*, o escritor Mario Vargas Llosa conta que, na campanha para a presidência do Peru, ele fazia questão de chegar ao hotel, a qualquer hora que fosse, e ler poesia antes de dormir.

L – Poesia relaxa, te transporta. Além da questão de você ler algo que pode te ajudar com algum problema, em especial, a leitura, de forma geral, reduz o nível de estresse. O estudo mostra que, com 6 minutos de leitura, há uma redução de 68% no nível de estresse. É mais forte do que ouvir música, beber chá ou café ou passear. Quarto: a leitura muda o circuito do cérebro. Aqui, fizeram exames de ressonância magnética em 21 estudantes de graduação, enquanto eles estavam lendo um romance. Repetiram alguns dias depois e perceberam uma conectividade maior de áreas do cérebro envolvidas com a receptividade da linguagem. Quinto: ler pode aumentar a autoconfiança. Eles fazem referência a pessoas mais introvertidas. Uma pessoa tímida, às vezes, é vista como alguém que tem alguma dificuldade social. Porém, quando essa pessoa se mantém lendo, ela é vista como uma intelectual, e isso melhora a autoestima, a autoconfiança. Enfim, ler é um hábito praticado por pessoas de sucesso.

BEM-ESTAR MENTAL

Sardenberg – A busca pelo bem-estar mental deve estar presente também no ambiente de trabalho?

Leny – Totalmente. Lá atrás, as carreiras e o nosso desenvolvimento passavam muito pelas habilidades técnicas, como já vimos. Estudávamos muito, nos preparávamos e isso continua importante. Só que hoje há uma valorização cada vez maior das habilidades comportamentais, que têm a ver com a forma como nos relacionamos, como lidamos com as nossas emoções no trabalho. Além de isso ser muito presente nos processos de recrutamento, existe uma valorização ainda maior à medida que a pessoa vai crescendo na empresa. No que diz respeito à liderança, o desenvolvimento dessas habilidades comportamentais é essencial.

Muitos dados sustentam essa informação. Uma em cada quatro empresas brasileiras teve que afastar de um a cinco funcionários por conta de problemas relacionados a essas características, à saúde mental. E eu tenho que trazer aqui que esse número é subvalorizado. Porque ainda existe preconceito. Seria difícil eu falar: "Olha, não vou fazer a coluna hoje porque estou meio deprimida, estou meio triste, com dificuldade de lidar com alguma situação". Seria mais fácil eu ligar: "Hoje eu não vou porque estou com dor de barriga", ou: "Hoje eu não vou porque estou com muita dor de cabeça". A gente sabe que grande parte das pessoas "inventa" uma desculpa para não assumir as dificuldades em relação ao bem-estar. Isso é muito evidente.

S – Esse é um ponto importante, porque, de fato, tem um preconceito danado.

Cássia – Como se saúde mental não fosse saúde.

L – Porque não é aparente. Se você chega para trabalhar com o braço engessado, todo mundo te acolhe, vai perguntar o que aconteceu, se você precisa de alguma ajuda. Agora, se você não está bem e não consegue explicitar isso de alguma forma, quem está em volta pode nem perceber. E essa oferta de ajuda, como no caso do braço engessado, não vai acontecer de forma espontânea. As pessoas não vão oferecer ajuda, porque isso pode gerar um estranhamento. Nós todos temos muita dificuldade de lidar com as nossas próprias questões emocionais, então, lidar com a do outro é quase impossível.

C – Para quem está com algum tipo de sofrimento dessa ordem de saúde mental – ansiedade, depressão –, como comunicar esse tipo de coisa na empresa de forma eficiente?

L – É um grande desafio mesmo. Passa pela sua percepção do que está acontecendo. O primeiro ponto é que não é natural sentirmos angústia, falta de energia e limitação no nosso dia a dia. Claro que, se aconteceu alguma coisa que justifique aquilo, uma perda recente, uma doença física, há uma causa identificável. Mas não é natural ter desânimo para ir trabalhar, aquela falta de vontade de sair da cama. Então, o primeiro passo é buscar ajuda especializada, psicólogos, psiquiatras. Feito esse diagnóstico, o próximo passo é sinalizar para as pessoas ao redor. É mais interessante iniciar com aquelas pessoas que são mais da nossa confiança, do nosso círculo, eventualmente familiares, amigos e, no trabalho, aquele colega mais próximo. Agora, num determinado momento, isso precisa chegar para as lideranças, porque somos cobrados em relação ao nosso trabalho, ao nosso desempenho. Se entendemos haver algo que está impactando, incomodando, precisamos verbalizar. A ideia é fazer um levantamento de pontos e preparar a nossa comunicação. Porque é algo que claramente vai gerar estresse.

Então, temos que estruturar o nosso discurso, pensar no que falar, quais os pontos abordados e, o mais importante, o que é que eu estou fazendo para lidar com essa situação, porque isso mostra uma proatividade, que é agradável de ser percebida pelo outro. E deixar claro o que podemos ter de apoio das pessoas. Às vezes, o outro até quer ajudar, mas entende que vai ajudar ao fingir que não percebeu. Se a pessoa que está sofrendo conseguir verbalizar: "Olha, você pode me ajudar se aproximando. Quando perceber que eu estou arredia, chega perto de mim, vai ser importante ter o teu apoio", isso vai facilitar a decisão sobre o que o outro deve fazer.

S – Todos nós sentimos tristeza ou ansiedade, mas isso é diferente de ter algum problema de saúde mental que te impede de trabalhar.

L – Exatamente. Primeiro ponto: precisamos olhar para a nossa vida e entender que acontecem coisas boas e ruins. O que vai mudar é a forma como olhamos e lidamos com isso. Se eu aceito aquilo como um evento natural e penso: "Hoje não estou em um dia tão bom", OK, tranquilo. Mas estamos nos referindo a um estado rotineiro de desmotivação, de falta de entusiasmo para fazer as coisas.

C – Daí a importância de procurar ajuda especializada para um diagnóstico.

L – As empresas já estão olhando para isso de forma mais impactante. Foi feita uma pesquisa da School of Life, em parceria com a Robert Half, no segundo semestre de 2022, com profissionais acima de 25 anos, sendo 620 líderes e 180 liderados. Quando perguntados sobre as habilidades que faltam ao atual líder, grande parte dos liderados respondeu que sente falta de apoio. Quando perguntaram aos líderes quais habilidades gostariam de desenvolver em si mesmos, 23% apontaram empatia. Então, veja que essa é uma habilidade comportamental que, teoricamente, na liderança mais tradicional não iria nem aparecer. Quando questionados sobre habilidades que mais têm faltado nos liderados, 32% dos líderes apontaram a comunicação. A dificuldade de o liderado conseguir se comunicar de maneira efetiva. Quando a mesma pergunta é feita para os liderados, ou seja: "O que você gostaria de desenvolver em si mesmo?", eles apontaram espírito empreendedor.

Todos os dados mostram que as empresas parecem estar mais preocupadas em oferecer esse ambiente melhor, tanto para liderados quanto para líderes. A maioria diz ter dificuldade ou falta de estímulo para expor os seus sentimentos, as suas emoções. Quando questionados a respeito da síndrome de *burnout*, 76% dos líderes responderam que não tinham, assim como 78% dos liderados. Fica clara a falta de conhecimento a respeito. Muita gente está com sinais claros de esgotamento e exaustão emocional, e não consegue percebê-los. E há o receio de que as pessoas têm de se colocar dessa forma. Quando se fala das iniciativas, os especialistas propõem: cumprimento do expediente com períodos de desconexão, ou seja, off-line; evitar fazer hora extra; oferta de atendimento profissional etc. Muitas empresas já estão trazendo isso, além de ações de conscientização sobre o *burnout*. Ainda é pouco. Falta, por exemplo, a criação de um ambiente favorável, uma comunicação fluida que permita que as pessoas tenham uma noção clara de como elas estão, como estão evoluindo em relação àquilo que fazem. É preciso abrir uma discussão e refletir sobre a importância de uma boa comunicação, de modo que as pessoas consigam se perceber e os líderes identifiquem o que está se passando com aquele grupo.

Leandro – Esse problema de saúde mental tem mais preconceito quando é uma mulher que diz que está com esse problema?

> **L** – Infelizmente, é verdade. Uma pesquisa mostra que, quando uma mulher se queixa, sofre muito mais preconceito do que quando existe uma queixa masculina. Primeiro porque, de forma geral, mulheres costumam falar mais sobre esse tipo de coisa. A ocorrência é maior mesmo, mas a própria queixa, a coragem de falar sobre isso faz com que isso pareça ainda mais evidente.

> Uma pesquisa da Universidade Yale, nos EUA, avaliou 127 currículos de pessoas, com características de formação, personalidade e a descrição de alguns comportamentos. Só que os pesquisadores fizeram o seguinte: alguns currículos eram exatamente os mesmos, mas eles colocavam um nome feminino, enquanto outras pessoas recebiam como se fosse o currículo de um homem. Foram contratados muito mais currículos de homens do que de mulheres com exatamente as mesmas características. A universidade usou isso para mostrar que, já que existe um viés inconsciente, a proposta era uma avaliação em que eles não saberiam se se tratava de uma mulher ou de um homem, e avaliassem apenas as características descritas, como numa avaliação às cegas, para evitar a interferência do viés. E chama muito a atenção, por exemplo, uma descrição de comportamento como: "Fulano se coloca de maneira intensa, firme". Nos homens, ela era considerada assertividade; nas mulheres, agressividade. O homem se posicionar falando dos seus sentimentos, das suas emoções, era considerado empatia; nas mulheres, histeria.

> Infelizmente, os dados mostram que existem vários fatores, especialmente na relação das mulheres com o

trabalho, que acentuam ainda mais esse desconforto. Por exemplo, sabemos que mulheres são muito mais interrompidas do que homens quando estão falando numa reunião de trabalho, numa apresentação de projeto. Muitas mulheres recebem explicações exageradas dos outros, como se elas tivessem dificuldade de compreender aquilo. Muitas mulheres também perdem a autoria de ideias ou de propostas, porque alguém acaba se apropriando. Mulheres, de forma geral, lidam com a necessidade de atenção em vários pontos ao mesmo tempo. O homem e a mulher têm filhos, mas certamente a cabeça da mulher está mais dividida, pensando se os filhos estão bem. Com frequência as mulheres são remuneradas de forma diferente, ou seja, há uma subvalorização em alguns casos, além da tal da síndrome do impostor, aquela circunstância em que a mulher duvida do seu próprio valor. Então, existem fatores mais impactantes para que mulheres tenham esse mal-estar e, ao mesmo tempo, existe esse preconceito. A dica aqui é: a mulher deve se posicionar, falar sobre aquilo que ela está sentindo e exigir o respeito que ela merece.

PENSAMENTOS NEGATIVOS

Sardenberg – Como fazemos para lidar com pensamentos e percepções negativas? E como lidar com a comunicação interna?

Leny – Quando falamos em comunicação, pensamos apenas naquilo que sai da nossa boca e vai até a orelha do outro. Nossa comunicação interna, chamada de solilóquio, que é aquilo que você fala consigo mesmo, tem uma importância imensa. Sempre que vou atender alguém em busca de aprimorar a comunicação, eu sondo, além do que a pessoa está falando, o que ela diz para si mesma. Existem vários estudos científicos que mostram que a forma como nos comunicamos, os pensamentos que trazemos, geram em nós emoções, e essas emoções geram atitudes. É muito interessante que a pessoa que quer aprimorar a sua comunicação identifique como está essa linha, que vem lá do pensamento, gera emoção e, consequentemente, gera a atitude. Nossa tendência humana, toda vez que acontece algo que nos causa estranheza ou dúvida, é pensar: "O que será que está acontecendo?", ou seja, é muito comum pensarmos de forma mais negativa.

Por exemplo, você marcou um encontro com uma pessoa querida e ela ainda não chegou. Olha para o relógio e percebe que a pessoa está atrasada. Normalmente, pensa: "Será que aconteceu alguma coisa?", "Será que ela bateu o carro?", "Será que ela não está com vontade de estar aqui comigo?" O responsável por isso é o sistema límbico, nosso cérebro primitivo, preparado para lidar com situações de ameaça. Em nenhum momento vamos pensar: "Ela se atrasou para passar na floricultura e trazer flores para mim", "Eu acho que ele está atrasado porque foi comprar um chocolate para mim". É sempre a preocupação: "O que pode estar acontecendo de ruim?". Como se trata de um pensamento estereotipado, de uma resposta intuitiva, é importante lançar luz sobre isso. Até porque sabemos o impacto negativo que esse tipo de pensamento nos traz.

S – Isso vale também para quando a pessoa vai fazer uma prova e começa a pensar: "Vai dar tudo errado", ou faz uma entrevista de emprego e sai de lá pensando: "Ah, foi uma porcaria". Ou seja, ela cultiva essa percepção negativa em relação a si mesma.

L – É uma forma de proteção. Se eu prevejo o que existe de mais perigoso, o que for bom é lucro.

Marcella – É uma proteção porque também não cria expectativa.

L – É uma autoproteção. Só que tem um ponto importante. Nós chamamos isso de crença autorrealizável. Eu chego à minha entrevista de emprego, olho para os outros candidatos e começo a pensar: "Eles parecem bem mais interessantes do que eu", "Nossa, olha como aquela moça se arrumou, eu deveria ter caprichado mais na minha roupa hoje". O que vai acontecer? Se eu cultivo esses pensamentos mais negativos, na minha vez de entrar, vou demonstrar todo o meu desconforto logo de cara, no não verbal, na expressão do meu rosto, na forma como vou me sentar, numa postura mais acabrunhada. E vou começar a falar mais baixo, para dentro, deixar de articular a minha boca. O que vai acontecer? Podem pensar: "Essa mulher está desconfortável aqui, e se está desconfortável, é porque não deve ser grande coisa. Senão, ela seria segura, chegaria com confiança. Vou escolher outra pessoa, que está se colocando de forma diferente". Apesar de ser para a nossa proteção, é muito importante que tenhamos consciência disso para virar essa chave.

Eu trouxe algumas sugestões nessa linha. Primeiro, pesquisas da Escola de Saúde Pública de Harvard mostram que, quanto mais confiança temos no futuro, maior é o nosso tempo de vida. Os estudos mostram um aumento de 15% na expectativa de vida. E aumenta em 70% a chance de a pessoa ultrapassar os 85 anos de idade. Então, quem é mais otimista vive mais. A pesquisa mostra que também vive melhor a pessoa que pensa dessa maneira. São pessoas que aceitam mais os tratamentos, vão mais aos médicos, se exercitam com mais frequência, estabelecem mais conexões sociais. E sabemos que relacionamentos saudáveis são ótimos preditores de nível de felicidade. Todas as pesquisas sobre felicidade no mundo têm como denominador comum o estabelecimento de relacionamentos saudáveis. Daí a importância da boa comunicação, porque é por meio dela que estabelecemos relações.

Além disso, falam do propósito de vida, que também é algo bastante presente na pessoa mais otimista. Um estudo da American Health Association mostra que, quando o estado mental da pessoa é positivo, isso impacta o corpo. Pressão arterial mais estável, melhor controle da glicose, consequentemente, menos risco de diabetes, menor risco de inflamação e índices mais baixos de colesterol. O que acontece com pessoas com um estado mental mais negativo? Os batimentos cardíacos tendem a ficar mais irregulares, aumenta o risco de problemas digestivos, a pressão arterial sobe e existe uma redução do fluxo de sangue para o coração. O pensamento realmente mobiliza nossa estrutura e o corpo reage a isso. É como se estivéssemos sempre diante de algo ameaçador. Imagine que estamos conversando aqui e entre um cachorro bravo. Nós todos vamos parar, o coração vai dar uma disparada, vamos transpirar, que é a resposta do disparo de estresse. Uma pessoa que cultiva pensamentos negativos vive nesse estado. Isso gera um desgaste para o corpo, que se cansa de estar toda hora em estado de alerta, de prontidão.

Os pesquisadores sugerem olhar para situações com equilíbrio, porque temos de tomar cuidado com o oposto disso, que é a tal positividade tóxica, aquela coisa de "como a vida é linda, está tudo muito bem". Não é assim. Nós vivemos problemas, vivemos situações que nos desagradam, estamos diante de frustrações. Isso é fato. Precisamos entender que é preciso ter propósito, uma razão para viver, para trabalhar, para sair da nossa cama de manhã. E as pesquisas mostram a necessidade e a importância da gratidão. Quando olhamos para as coisas que nos acontecem, encontramos oportunidades para agradecer. "Eu tenho saúde." "Estou reclamando do meu trabalho, mas eu tenho um emprego, que me dá condições de viver." Eu sempre digo que temos que buscar de maneira muito focada a nossa autonomia, o nosso protagonismo.

Para concluir, sabemos que esses pensamentos negativos vão aparecer. A proposta da ciência é: "Reflita sobre isso". Então, quando a pessoa que você aguarda está demorando e você pensa: "Será que ela bateu o carro?", é melhor pensar: "Espera, que outras possibilidades podem estar acontecendo? Pode ser que ela demorou para sair de casa, pode ser que esteja muito trânsito, pode ser que ela tenha parado na loja para comprar bombom para mim". Quando você abre as possibilidades, sai daquele estado. Outra dica é dar certa distância em relação àquilo. "Se isso que está acontecendo comigo fosse com a Marcella, o que eu diria para ela? Se acalma, daqui a pouco ela chega, pode ser uma coisa bobinha." Essa distância nos ajuda a olhar a situação com mais clareza.

M – Temos uma tendência de ser pessimistas em relação a nós mesmos, mas, sempre que vamos dar um conselho, costumamos olhar o lado positivo.

L – Isso é muito impactante. Há dicas da ciência nessa linha. É fundamental nos distanciarmos do que está acontecendo e olharmos para aquela situação como se estivesse acontecendo com uma pessoa conhecida. O que diríamos para essa pessoa? E o que diríamos para essa pessoa vale para nós. E temos de ser realistas. A partir dessa reflexão, pode ser que a conclusão seja: "Parece que esse problema é real. Estou tentando ligar e ela não atende o celular". Se você refletir e concluir que pode ter fundamento, parta para a ação, e veja o que pode fazer para tentar lidar com aquilo ou aceitar uma situação. Agora, a ciência mostra que, na grande maioria das vezes, você reflete e percebe que aquilo não tem fundamento. Seria uma possibilidade dentre muitas, às vezes muito remota. Daqui a pouco ela chega com um ramo de flores, você vai ficar aliviado, só que ninguém devolve o tempo e a energia que você gastou. São tensões que nos tiram do nosso equilíbrio, e precisamos escolher tirá-las da nossa frente.

OS AUTORES

Leny Kyrillos é fonoaudióloga, mestre e doutora em Ciências dos Distúrbios da Comunicação pela Universidade Federal de São Paulo (Unifesp), especialista em voz pelo Conselho Federal de Fonoaudiologia e Personal & Professional Coach. Faz consultoria e assessoria de comunicação para profissionais e empresas, é comentarista do quadro "Comunicação e liderança" da Rádio CBN e palestrante no Brasil e no exterior. Pela Contexto, é coautora de *Comunicar para liderar* (com Mílton Jung), *Comunicação e liderança* (com Carlos Alberto Sardenberg) e *Sou mulher, sou líder* (com Cássia Godoy).

Carlos Alberto Sardenberg, jornalista com 50 anos de carreira, é âncora do programa CBN *Brasil*, além de ser colunista no jornal *O Globo*. É também comentarista econômico dos programas noticiosos da Rádio CBN, do *Jornal das Dez* e do *Em Pauta*, da Globonews, e do *Jornal da Globo* (TV Globo). É um dos principais vencedores do Prêmio Comunique-se nas categorias Âncora de Rádio e Comentarista Econômico. Pela Contexto, é coautor de *Comunicação e liderança* (com Leny Kyrillos).

Cássia Godoy é jornalista e apresentadora da Rádio CBN. Formou-se em Jornalismo na Universidade Metodista de São Paulo. Apaixonada por rádio, por ouvir e contar histórias, já passou pelas redações da Rádio BandNews FM e da Univesp TV. Pela Contexto, é coautora de *Sou mulher, sou líder* (com Leny Kyrillos).

"Comunicação na veia! É o que resume o que esse trio de apresentadores – Leny, Cássia e Sarda – faz há dez anos no 'Comunicação e liderança', na CBN, transformado pela segunda vez em livro. Tá no conteúdo que oferecem e na forma do discurso que levam ao ar. Tá no conhecimento que compartilham e na emoção que transmitem. Tá no jeito genuíno de cada um falar. Diferentes jeitos e características que se completam na arte de bem comunicar e levam o ouvinte – e agora o leitor – a se sentir parte dessa roda de conversa."

Mílton Jung, jornalista, apresentador da CBN

"Neste tempo social em que vivemos, existe um sinal de altíssima complexidade e que muitas vezes inviabiliza a conexão cuidadosa e amorosa, que tem o maior poder de transformar a dor em cura. Esse obstáculo maior para a nossa felicidade e a felicidade de quem amamos é a nossa dificuldade de expressar com verdade e delicadeza nossos limites, nossa disposição e nossa disponibilidade em ajudar quem precisa da nossa presença, da nossa voz, da nossa atitude. Aprender sobre comunicação é aprender a dar direção para a nossa felicidade. Este é um livro sobre mapas, sobre localizações, sobre onde fica o norte das nossas palavras."

Ana Claudia Quintana Arantes, médica, professora e escritora.
Autora do livro *A morte é um dia que vale a pena viver*

"Dos melhores produtos que a imprensa profissional pode oferecer: selo de qualidade Leny Kyrillos, na companhia dos craques Sardenberg e Cássia. Trinca perfeita!"

Julia Duailibi, apresentadora da GloboNews
e comentarista de política do *Jornal da Globo*

"Em uma era com tantos problemas de comunicação interpessoais, a Leny traz formas e ferramentas de se comunicar assertivamente, passando pela maneira de expor suas mensagens com objetividade, clareza e segurança. Quem se comunica corretamente tem um grande ativo a seu favor e com certeza está na liderança."

Patrícia Poeta, jornalista e apresentadora da TV Globo

"Leny ensina há décadas a arte da comunicação para diversos tipos de líder (sou um desses privilegiados). Sardenberg traduz conceitos complexos em informações acessíveis. Cássia é uma comunicadora com carisma e conhecimento, que domina a arte da voz. Juntos, produziram esta obra imperdível que fará com que líderes sejam melhores pessoas."

João Paulo Pacifico, CEO do Grupo Gaia

"Se o rádio nos proporciona a escuta companheira, do dia a dia, entre um afazer e outro, a leitura é a conversa mais profunda, com hora escolhida e atenção plena, que nos permite ir e voltar no pensamento do autor, compreendendo todo o sentido de suas palavras. Nesse sentido, o livro que reúne os dez anos de reflexões de Leny Kyrillos na rádio CBN é um presente. Nos dá o privilégio de voltar a uma boa conversa para retomar pontos que podemos não ter percebido num primeiro momento.
É também o compilado dos temas mais atuais que permeiam essa relação tão intrincada e indissociável da Comunicação com a Liderança."

Ana Escalada, diretora da TV Globo São Paulo

"A comunicação assertiva, mas ao mesmo tempo afetiva e empática, é essencial para a liderança. Dominar essa competência e fazer bom uso dela podem vir com prática, experiência e mais conhecimento. Leny Kyrillos é muito generosa em compartilhar tanto conhecimento e capacitar tantos líderes, o que faz este livro ser uma dádiva e indispensável para aqueles que exercem ou pretendem exercer a liderança."

Erica Barbagalo, VP RH Brasil e Talent Lead Latam – Bayer

"Liderar é basicamente a capacidade de se comunicar. Claro que há outras qualidades envolvidas no processo de liderança: raciocínio objetivo, inteligência emocional etc. Mas nenhuma delas é, individualmente, imprescindível. Com exceção de uma: a comunicação. Um líder precisa saber se comunicar por palavras, gestos e, principalmente, exemplos."

**Roberto Kovalick, jornalista, apresentador
e ex-correspondente internacional**

"*Comunicação e liderança* é aprendizado para a vida toda, e para as mais diversas situações e gerações. Leny, Sardenberg e Cássia conseguem traduzir a complexidade de tantos fatores da comunicação que se transforma freneticamente todos os dias, de forma atual, leve, didática e inteligente. Este livro é um *voucher* para o sucesso profissional!"

Andréa Moraes, jornalista, vice-presidente executiva da Ketchum

"Tenho um duplo privilégio: ser paciente da Leny e ter o meu quadro na CBN, o 'Viva voz', 'colado' ao horário do 'Comunicação e liderança', às quintas-feiras. Eu sempre aprendo com a forma didática com que ela aborda as dúvidas que parecem simples, mas que sempre envolvem questões cruciais para o trabalho dos ouvintes, num mundo em que mudanças de cultura empresarial e exigências de habilidades de trabalhadores estão em profunda e rápida mudança. O livro será a possibilidade de consolidar essa contribuição fundamental da Leny, juntamente com o Sardenberg e a Cássia, à arte de se comunicar bem para exercer uma liderança responsável e alinhada com os desafios do nosso tempo."

Vera Magalhães, apresentadora do *Roda Viva*, da TV Cultura, colunista do jornal *O Globo* e comentarista da rádio CBN

"A forma como nos conectamos com as pessoas, tão essencial para a vida e para os negócios, tem sido o grande desafio das lideranças. E a boa comunicação é essencial para alcançar esse objetivo. Saber usar bem todos os recursos de que dispomos, sejam de conteúdo, de forma, de tecnologia e inovação, é uma questão de conhecimento, técnica e prática. Tudo isso é o que a especialista e incrível Leny Kyrillos mostra todos os dias, seja na rádio, em seus treinamentos, em seus livros ou nas redes sociais. De fato, comunicar é uma das principais habilidades de um líder e não existe mais espaço para um líder que não se comunica."

Rosangela Ribeiro, diretora do Grupo Printer Comunicação

"Poucas obras conseguem provocar reflexões tão profundas sobre os temas mais importantes do mercado corporativo como esta. Se você quer se comunicar de forma eficiente, liderar de maneira exemplar e conquistar bem-estar, este é o seu livro!"

Luiz Gaziri, professor de Ciências Comportamentais

"Leny Kyrillos representa para o Brasil um ícone em comunicação e liderança, além de ser uma referência em fonoaudiologia. Excelência é a caracterização dessa grande profissional que tanto admiramos. Recomendo a leitura!"

Ludhmila Abrahão Hajjar, professora titular de Emergências da FMUSP, cardiologista e intensivista

"A Leny Kyrillos é a maior protetora da nossa fala e voz na TV Globo. Mas a Leny está também em muitos lugares para nos ajudar. Sou um ouvinte frequente da CBN. E nas quintas-feiras estou sempre na primeira fila da Rádio que toca notícias para ouvir, refletir e aprender mais com 'Comunicação e liderança', apresentado por três na arte de falar e conquistar: Leny Kyrillos, Cássia Godoy e Carlos Alberto Sardenberg."

Valmir Salaro, repórter do *Fantástico*, TV Globo

"A correlação entre liderança e comunicação é inextricável. Comunicação autêntica e multidirecional gera Confiança, que gera Comprometimento, que gera Colaboração. Todos esses elementos são essenciais quando se trata de promover grandes transformações nas organizações. O livro *Comunicação e liderança*, aborda esses temas de forma compreensiva e, ao mesmo tempo, leve. Leitura obrigatória para quem deseja aprimorar suas habilidades de Liderança Positiva."

Michel Levy, CEO IHS Brasil, Mentor, Innovation & Technology, Angel Investor, Board Member

"Leny Kyrillos reúne – de forma muito diferenciada – técnicas e experiência quando o assunto é o aperfeiçoamento da comunicação para liderar. Tanto na vida pessoal como profissional, saber escutar e se expressar – com o adequado uso de recursos verbais e não verbais – potencializa a transmissão eficiente do conteúdo da mensagem. Certamente, o volume 2 de *Comunicação e liderança* contribui para uma comunicação entre pessoas sempre com responsabilidade e assertividade."

Christian Gebara, CEO da Vivo

"Conheci a Leny há alguns anos em um treinamento que fiz, em uma época bem desafiadora. Em 2023, quando comemoramos o aniversário de 60 anos da personagem Mônica, eu fiz várias apresentações e o acúmulo de eventos estava me estressando. Lembrei da Leny e de seu talento, e imaginei que ela poderia me ajudar. Dessa vez, além da profissional Leny, conheci o ser humano Leny. Ela é uma pessoa que nos eleva para um outro patamar. Nos meus mais de 60 anos, conheci apenas duas pessoas com essa capacidade de doação do saber: meu pai e agora a Leny. Eles não percebem, mas, enquanto estão nos ensinando, seus olhos brilham. Eles sabem tanto sobre o poder da comunicação, e conhecem tanto o dom e a importância dela que querem dividir com o mundo. Amo estar com a Leny, ela me faz bem e me entusiasma a aprender. E sei que este livro vai ajudar mais pessoas a se sentirem como eu!"

Mônica Spada Sousa, empresária, diretora executiva da Mauricio de Sousa Produções e inspiração de Mauricio de Sousa, seu pai, para a criação da personagem Mônica, da Turma da Mônica